AF523110

Licht am Ende des Tunnels

Botschaften aus der geistigen Welt

empfangen von

Ute Kretzschmar

Antar Verlag
Impressum:

Neuauflage 2023

© Antar-Verlag, Im Enzengarten 3, 79379 Müllheim

Alle Rechte vorbehalten.

Covergestaltung & Layout: Steffen Winter

Druckerei: booksfactory.de

ISBN 978-3-948034-46-7

Die Schwarm-Intelligenz von Mutter Erde
führt uns jetzt zusammen, die vom selben Ursprung stammen.

Ich erkenne meinen Sinn, weiß wieder wer und was ich bin.

An alle Boten des Friedens: Jetzt ist die Zeit des Neue-Erde-Schmiedens!

Bringst du deinen Teil mit ein, dann wisse, du bist nicht allein!

Folge dem Licht durch die dunkelste Nacht, auf das der neue Morgen bald erwacht.

Du stehst vor einem neuen Tor, dein Ego wird leise und weise tritt deine Seele hervor.

Du spürst die Verbindung zu allem, was ist.

Das Gefühl von zu Hause hast du lange vermisst.

Auszug aus dem Lied „Baum der Seelen“
Laura feat. Adrian Winkler & friends

Inhalt:

Vorwort

Liebe Leserinnen und Leser,

mein letztes Buch liegt einige Jahre zurück und es ist nicht so, dass ich das Schreiben nicht früher probiert hätte. Aber es lief einfach nicht!
Heute ist mir klar, warum! Ich musste auf die spektakulären Aussagen aus der geistigen Welt in diesem Buch erst vorbereitet werden! Mein altes Weltbild durfte sich verabschieden. Ich habe Kämpfe mit meinem Ego und der bisherigen „Wahrheit“ ausgefochten. Und das Ganze brauchte Zeit, Entwicklung und Mut.
Zu Anfang waren es nur einzelne Puzzleteile, die aber durch unermüdliche Erklärungen von Meister Konfuzius, Kuthumi und Jesus Sanada an die richtige Stelle gefallen sind. Ich glaube, wir haben den genau richtigen Zeitpunkt gefunden, um die klaren und hoffnungsfrohen Botschaften auf die Erde zu bringen.
Mein großer Dank gilt meinem Hohen Selbst und allen feinstofflichen Helfern! Mittlerweile bin ich sogar froh und dankbar, dass ich zu dieser verrückten Zeit auf die Erde gekommen bin. Und glaubt mir, das war auch schon anders! Wir werden die Erde gemeinsam ins Licht heben und keine Macht der Welt kann diesen Wandel aufhalten! Das Buch „Licht am Ende des Tunnels“ ist wundervoll geworden! Ich danke der geistigen Welt von Herzen! Und ich wünsche Euch, liebe Leser, viel Vergnügen, tiefgründige Prozesse, große Erkenntnisse und Aha-Effekte beim Lesen!

April 2023

Ute Kretzschmar

Alles auf der Erde schwingt – auch der Mensch

Jesus Sananda
Geliebte Schülerinnen und Schüler des Lichtes, das ist Meister Jesus Sananda. Wir begrüßen euch ganz herzlich!

Nun meine Lieben, jeder Gegenstand hat eine bestimmte Schwingung. Alles in der Natur schwingt und steht miteinander in Resonanz. Die Pflanzen und Bäume sind über den Erdboden und die Wurzeln miteinander verbunden und sie kommunizieren über den Wind. Auch in der anscheinend unbelebten Materie schwingen die Atome und erzeugen das Abbild eines Gegenstandes, der für euch überaus real ist.

Die Natur spielt euch in euren Breiten eine Abfolge von Ereignissen vor, die letztendlich die Reinkarnation präsentiert. Da gibt es das Geborenwerden, und die Pflanzen präsentieren euch als Analogie das Knospen und Erblühen im Frühjahr. Die Reife bringt Früchte hervor und zeigt euch eine Parallele zu den lebensaktiven Jahren des Menschen und damit das Sammeln von Erfahrungen. Die Ernte wird eingefahren und dann verfärbt sich das Laub und eine neue Schönheit in warmen Farben bricht hervor. Das ist die Schönheit und Weisheit des Alters. Die Natur zieht sich zurück und der Winter überzieht das Land mit Schnee. Eine Zeit des Ausruhens und Rückzuges beginnt. Das wiederum könnte man vergleichen mit eurem Inkarnationszyklus. Ein Leben geht zu Ende, verlässt die Materie und ruht sich bis zum Neustart im jenseitigen Bereich aus. Alles Lebendige zieht sich im Winter ins Innere zurück und der Zyklus beginnt im Frühjahr wieder von vorn.

Kommen wir zurück zum Thema Resonanz:
Jeder Ton hat eine Schwingung, hat eine Resonanz und Musiker lernen, welche Kombination von Tönen wohlklingend ist und welche eher disharmonisch klingt. Und es gibt auch so etwas wie den Dreiklang. Auf irdischer Ebene unterscheidet ihr in Körper, Geist und Seele. Auch das ist eine Art Dreigespann und alles, jeder Gegenstand hat eine Schwingung. Eure Gedanken und Emotionen erzeugen ebenfalls Schwingungen. Wenn ihr positiv denkt, die Zuversicht nährt, die Ruhe bewahrt und euch des Lebens freut, ist die Schwingung, die ihr aussendet, harmonisch und ihr strahlt diese Energie in eure Aura und in euer Umfeld ab und animiert damit andere, sich auch auf die Lebensfreude zu konzentrieren. Wenn ihr die Liebe zu allem was ist fühlen könnt, dann versetzt ihr damit euren Körper in Heilung – die Resonanz ist wohlklingend. Ihr könnt in eurem Körper harmonische Schwingungen produzieren, das macht ihr mit Hilfe eures inneren Gleichgewichtes, mit Liebe, mit Freude und Begeisterung, aber ihr seid auch in der Lage disharmonische Schwingungen zu erschaffen. Das tut ihr, indem ihr euch auf das „Schlechte" konzentriert, indem ihr euren Ärger nährt und euer Augenmerk auf Probleme richtet.
Manch einer versetzt sich gleich morgens nach dem Erwachen in einen konfliktbeladenen Zustand und erzeugt damit in sich Emotionen der Rage und Unzufriedenheit. Diese Wut in euch verströmt sich ins eigene Energiefeld, lässt euch den Kaffee verschütten, unbeherrschte Worte sagen, die andere verletzen und damit tritt euer Energiefeld nach außen in die Welt und sucht auch hier nach disharmonischen Resonanzen zur Energieentladung. Was wir euch damit sagen möchten ist: Nehmt bewusst

wahr, wie ihr in euren Tag startet! Welche Gedanken und Gefühle erzeugt ihr in euch selbst? Am Morgen erschafft ihr die Grundstimmung für den Tag! Sagt euch positive Dinge! Konzentriert euch auf die Freude in eurem Leben! Erschafft in euch eine Schwingung des Friedens und der Lebensfreude, dann werdet ihr einen wundervollen Tag erleben! Ihr seid Schöpfergötter und jeder Gedanke hat eine Schwingung, die ihr in euch erzeugt! Wer in sich die Schwingung der Liebe halten kann, wird leichter Lösungen für die alltäglichen Herausforderungen finden.

In eurer Zeit seid ihr stärker verbunden mit dem kollektiven Bewusstsein, das ist deshalb so, damit ihr eure eigenen schöpferischen Kräfte deutlicher wahrnehmt. Das ist das Energiefeld, das über dem gesellschaftlichen Zusammenleben aller schwebt, und das darüber entscheidet, wie ihr in Zukunft auf der Erde miteinander leben möchtet. Mit dem kollektiven Bewusstsein ist jeder Mensch über die Traumebene verbunden. Eure Vorstellungen von der Zukunft speisen sich dort ein. In diesem Energiefeld gibt es Ängste, Hoffnungslosigkeit, aber auch grandiose Vorstellungen von Weltfrieden, einem Leben im Einklang mit der Natur, neue Erfindungen, viele neue Ideen der Selbstverwirklichung und eines harmonischen Miteinanders. Ihr könnt euch das vorstellen wie zwei sehr unterschiedliche Energiefelder. Über dem einen steht: „Sklaverei“, über dem anderen „neue Welt“, und sie rufen den Menschen zu: „Komm zu uns! Unsere Vorstellungen präsentieren genau das, was du fühlst! Schließe dich uns an!“
Und ihr entscheidet oft unbewusst an jedem Morgen, in welches Energiefeld ihr euch einklinkt. Nun fragen wir euch als Schöpfergötter: Was ist das Ziel, das ihr anstrebt?

Ist es die Selbstverwirklichung zu einem zufriedenen, bewussten, glücklichen Menschen oder beherrschen euch die Ängste und Unsicherheiten? Auf diese Art und Weise erschafft ihr eure eigene Welt, die abstrahlt in euer Energiefeld und ins kollektive Bewusstsein aller.

Euer Planet kommt allmählich in die heiße Phase der Veränderung. Die Talsohle ist erreicht und der größte Wandel der Menschheitsgeschichte nimmt richtig Fahrt auf.
Auch zu der Zeit, als Jesus von Nazareth auf der irdischen Ebene weilte, gab es ein großes Ungleichgewicht und viele haben sich gefragt, wie lange sie die Römer noch ertragen müssen? Aber die Römer waren nicht das alleinige Problem. Es war das Ungleichgewicht, die Macht und die Ausbeutung vieler für den Vorteil weniger. Es war die Bereitschaft der Masse sich unter das Joch zu beugen, die widersinnigsten Forderungen hinzunehmen, „Ja!" zu sagen, obwohl alles in ihnen „Nein!" schrie. Die männliche Energie, die eigentlich für Gerechtigkeit sorgt, wurde abgestumpft durch öffentliche Auspeitschungen und Verhaftungen. Junge, hübsche Mädchen und Knaben wurden geraubt und verschwanden in den Kasernen. Man konnte sie nachts schreien hören. Für viele aufrechte Männer war die Situation der Unterwerfung so unerträglich, dass sie sich selbst hassten und willentlich aus dem Leben schieden. So war das damals!

Und wenn ihr diesen Bericht lest, dann gibt es zur heutigen Zeit einige Parallelen. Auch in eurer Zeit gibt es eine Menschengruppe, die die Mentalität der „Römer" präsentiert. Nur sind sie bei euch nicht so greifbar, sie benutzen heute bezahlte Sprechpuppen, die die

neuesten Verordnungen nicht mehr auf dem Marktplatz verlesen sondern über das Fernsehen, Radio, Internet und die Presse vermitteln. Auch bei euch gibt es die breite Masse, die schweigt, sich unterordnet und zu allem „Ja“ sagt. Es verschwinden weltweit Kinder, weil ihr Blut so wertvoll für Greise ist. Die männliche oder die weibliche Energie werden maximal verwirrt, denn wenn ihr nicht wisst, wer ihr seid (ein Mann, eine Frau, ein Papagei oder doch eher ein Fliegenpilz?) dann findet ihr keine innere Ruhe und Stabilität.
Aber ihr habt einen gewaltigen Vorteil: Ihr seid miteinander verbunden. Ihr kommuniziert über den gesamten Planeten. Tauscht euch aus und vernetzt euch, und wenn eine bestimmte Anzahl Menschen verstanden hat, wo die Ursachen eurer Probleme liegen, dann habt ihr die Chance die Welt nachhaltig zu verändern. Diesmal geht es um die Befreiung der gesamten Erde und um die unsichtbare Wurzel des Übels.

Meine Lieben, für jede einzelne Person auf diesem Planeten ist es wichtig, dass ihr wisst, dass es einen Teil in euch gibt, der, egal was immer geschieht, unverletzbar ist. Viele Menschen gehen gerade durch Erfahrungen, die ihnen ihre eigene Seele offenbart. Erfahrungen, die ihnen deutlich machen, dass es mehr gibt, als die Dinge, die ihr mit euren physischen Sinnen wahrnehmen könnt. Andere verabschieden sich, und wenn sie im jenseitigen Bereich ankommen und ihren Lebensfilm anschauen, ist es ihnen auf einmal unbegreiflich, warum sie ihre eigenen Ziele so zögerlich angegangen sind! Sie verstehen nicht, warum sie sich von ihrer Angst und Unsicherheit dermaßen beherrschen lassen haben. Und viele nehmen sich vor: „Das nächste Mal werde ich mich nicht in meiner Angst verlieren sondern mutig voranschreiten.“

Leben unterliegt einer permanenten Veränderung!
Alles, was ist, durchläuft Prozesse der Erfahrung und Transformation. Achtet darauf, dass ihr euch nicht hineinsteigert in Sorgen, in Bewertungen und angstgetragene Visionen, was alles Negatives geschehen könnte!
Es gibt genauso viel Positives, was in eurer Zeit entsteht und es geht darum, dass ihr eure Zuversicht nährt, dass ihr eure Unverletzbarkeit erkennt und dass ihr schaut, wie ihr euch in die neue Welt einbringen könnt.
Alles ist jederzeit veränderbar! Glaubt an euch selbst! Glaubt an eure göttliche Seele, an den Teil von euch, der auf die Erde gegangen ist, um als Abgesandter des Himmels ein Abenteuer zu erleben! Hört auf, euch ständig Sorgen zu machen! Betrachtet das Ganze als Spiel. Und wenn ihr mit den Spielregeln unzufrieden seid, dann schreibt sie so um, dass sie allen Menschen dienen!

Manchmal habt ihr geniale Ideen, aber traut euch damit nicht an die Öffentlichkeit. Ihr behaltet sie bei euch daheim in der Schublade und auch das ist legitim. Aber vielleicht könnten sie dazu beitragen, die Welt ein klein wenig zum Positiven zu verändern!
Nährt euren inneren Frieden, lebt die Leichtigkeit, die Liebe und den Zusammenhalt mit anderen. Seid zuversichtlich, die Zeit der Veränderung ist jetzt! Ihr selbst bestimmt, ob ihr sie als Opfer erlebt oder als bewusster aktiver Mensch.
Seid in der Leichtigkeit und in positiven Visionen!
Das war Jesus Sananda.

Talente und Lebensaufgabe

Kuthumi
Geliebte Schülerinnen und Schüler des Lichtes, das ist Meister Kuthumi. Wir begrüßen euch ganz herzlich zur heutigen Botschaft.
Nun, meine Lieben, ihr habt auf Seelenebene einen weiten Weg hinter euch gebracht. Ihr seid durch viele Inkarnationen, durch viele irdische Erfahrungen gegangen und nicht immer wart ihr auf dem Planeten Erde, aber das ist jetzt nicht von Bedeutung.
Ihr alle habt Leben hinter euch gebracht mit Prägungen, mit Karma, mit Vergeltung, mit Überzeugungen, die euch zu schaffen gemacht haben. Und diese Erfahrungen führen letztendlich dazu, dass ihr euch Frieden und Gemeinsamkeit wünscht.

Im feinstofflichen Bereich hattet ihr den Wunsch, auf einen Planeten zu gehen, um für das Licht zu arbeiten, eure eigenen inneren Fähigkeiten zu entfalten, in die Kraft und eure spirituelle Größe hineinzuwachsen. Das war euer Wunsch!
Ihr wusstet auch schon damals im feinstofflichen Bereich, dass der Planet Erde reif für den Aufstieg in lichtvolle, gerechte Ebenen ist. Er darf befreit von dunklen Energien und ins Licht gehoben werden. Das läuft schon seit einigen Jahren.

Ihr seid auf die Erde gekommen als Seelen mit einem hohen Bewusstsein, und wenn ihr frisch unten seid, dann fühlt ihr euch geborgen, mit dem Himmel verbunden, unterstützt, und es würde euch als Kleinkind nicht in den Sinn kommen negativ zu denken oder eure Seele anzuzweifeln.

Bestimmte Gesetzmäßigkeiten habt ihr sinngemäß in euch eingebaut. Jeder von euch hat Prägungen aus der Vergangenheit, aber auch ein gewaltiges göttliches Potenzial und als Kleinkinder spürt ihr noch diesen Segen, diese Verbindung und habt ein inneres Wissen darüber, dass euch nichts passieren kann. Es gibt einen Teil in euch, der ist unverletzbar, der übersteht alles!

Wenn ihr auf der irdischen Ebene seid, dann werdet ihr geprägt durch die Erziehung, durch die Schule, und damit kommt allmählich etwas rein, das euch einschränkt. Eure Schulen vermitteln euch Wettbewerb, das Gefühl von Unzulänglichkeit und Konkurrenzdenken. Ihr sollt euch von klein auf vergleichen mit anderen. Was fehlt sind das Miteinander und die Freude am Lernen und die Begeisterung, das Leben und die Natur zu begreifen. Euch wird immer mehr bewusst, dass eure Schulen veränderungswürdig sind. In der Schule sollte es darum gehen, dass ihr eure Fähigkeiten entdeckt und wahrnehmen könnt, was ihr mitbringt an Talenten aus früheren Leben. Angenommen ihr wart in einem Leben Musiker, in einem anderen Tischler, Bildhauer und wieder in einem anderen Leben Bäcker, dann sind das Talente, die in euch eingebaut sind.

Ihr geht, wenn ihr geboren werdet, durch den Kanal des Vergessens. Davon habt ihr sicher schon gehört. Aber dieser Kanal des Vergessens ist eher oberflächlich.
Das, was ihr mitbringt an handwerklichem Geschick, an der Fähigkeit einen Kuchen zu backen oder eine optisch gute Betrachtung und ein räumliches Gespür zu haben und dieses auf ein Bild zu bringen, auch euer musikalisches Talent und Feingefühl, was harmonisch klingt und was nicht – all das bringt ihr mit als innere

Bereicherung, als Talent.
Es bleibt nicht hängen im Kanal des Vergessens. Ihr habt möglicherweise vergessen, dass ihr das Kuchenbacken im 17. Jahrhundert in einer Bäckerei gelernt habt. Die Details sind unwichtig, aber was euch erhalten bleibt ist die eigentliche Fähigkeit. Wenn ihr dann in diesem Leben von diesem Talent Gebrauch macht, dann habt ihr ein inneres Gespür, wie ein Kuchenteig beschaffen sein muss, welche Konsistenz er haben sollte, wie er ausschaut, aus welchen Bestandteilen ein Kuchen besteht und wie der unfertige Teig schmeckt. Dieses Gespür ist eingebaut und ihr nutzt es vollautomatisch!

Ebenso ist es auch mit allen anderen Talenten. Ihr nutzt gerade in der heutigen Zeit eine breite Palette: Ihr könnt selbständig Möbel zusammenbauen, ihr könnt mit Holz arbeiten, ihr könnt Renovierungsarbeiten ausführen, ein Instrument spielen, kennt euch mit Computern aus, repariert die Lampe, reinigt eure Wäsche, probiert neue Rezepte aus, versorgt eure Haustiere, hegt die Pflanzen in eurem Garten, unterhaltet die Kinder, spielt in Theaterstücken, meditiert, und ihr überlegt keinen Moment lang, woher ihr das habt? Ihr bringt es mit aus früheren Leben!
Eure Seele ist erfüllt mit Reichtum, mit großartigen Talenten, mit Licht, mit Liebe und ihr könnt euch jederzeit aus der geistigen Welt Unterstützung holen. Ihr alle habt ein göttliches Hohes Selbst. Ihr seid verbunden mit geistigen Begleitern, feinstofflichen Lehrern, und ihr könnt mit diesen Energien arbeiten, wenn ihr es möchtet.

Verbindet euch mit dem Licht. Holt euch Unterstützung für alle eure Unternehmungen. Die Erde befindet sich gerade in einem heftigen Prozess des Wandels. Die

Schumann-Frequenz wird angehoben und damit erhöht sich die Bewusstheit des Menschen. Alle Menschen wurden und werden vorbereitet auf ein neues Bewusstsein. Das ist die Voraussetzung für einen gesellschaftlichen Wandel hin zu Weltfrieden, Souveränität, Selbstbestimmung, Freiheit und Fairness.

Zwei Erwachensprozesse

Kuthumi

Es gibt bei diesem Bewusstseinswandel zu einem göttlich, bewussten Menschen zwei Erwachenswege, einen eher männlichen und einen weiblichen Weg. SIE ist offen für Spiritualität, interessiert sich für die Seele, die Psyche, die Gefühle, das Unterbewusstsein, Meditation, Energiearbeit, Schöpferkraft, Ursachenforschung in sich selbst, himmlische Energie und tausend ähnliche Dinge. ER will wissen, warum die Welt so ist, wie sie ist? Woher kommt die Ungerechtigkeit? Wer profitiert von den derzeitigen Zuständen? Er interessiert sich für Chemtrails, für Technik, für Schamanismus, Epigenetik, Quantenphysik und will ganz genau wissen, wie die Kräfte im Irdischen zusammenspielen. Er interessiert sich für Kampfsport und hat Visionen von einer gerechten, friedvollen Welt.

Beide Wege sind absolut wichtig in diesem Veränderungsprozess der Erde, der Gesellschaft und des Bewusstseins!

Da ihr sowohl weibliche als auch männliche Anteile habt, können sich diese Erwachensprozesse und Interessensgebiete auch vermischen.

Ihr alle habt darüber hinaus einen persönlichen Lebensplan, der besagt, was ihr am allerliebsten auf irdischer Ebene umsetzen möchtet. Ihr könnt ihn erfassen mit eurem Herzen. Es sind die kühnsten Pläne von dem, was ihr gerne tun würdet.
Ebenso gibt es auch einen globalen Lebensplan des Wandels, der sinngemäß beinhaltet wie dieser Prozess der Transformation auf der Erde und der Entmachtung der nicht lichtvollen Kräfte vonstatten geht. Er wurde im Himmel mit Unterstützung der göttlichen Quelle ausgearbeitet und wird weltweit in jeder Nacht, wenn ihr träumt, aktualisiert. In diesem Prozess des Wandels befindet ihr euch gerade.

Viele von euch holen sich Informationen aus dem Internet, aus sozialen Netzwerken und manchmal verleitet es euch dazu, dass ihr hin- und hergerissen seid. Da hört ihr etwas Positives, und es versetzt euch in die Stimmung: „Ja, wir schaffen das, alles wird gut."
Dann hört ihr negative Nachrichten und in euch entstehen prompt Zweifel. Ihr denkt vielleicht: „Die nicht lichtvolle Seite hat einen klaren Plan, aber gibt es auch einen lichtvollen Plan? Läuft da überhaupt etwas? Kommen wir voran in diesem Prozess des Bewusstseinswandels?"
Wir möchten euch ganz klar sagen: JAAAAAA!

Von außen betrachtet ist es so, dass ihr gerade vor der größten Herausforderung steht. Das alte System darf zusammenbrechen. Ihr habt ein Finanzsystem, das privaten Besitzern gehört. Sie sind auf die glorreiche Idee gekommen, dass man mit Zinsen Staaten, Länder, eine ganze Weltbevölkerung abhängig machen kann. Sie haben die Nichtregierungsorganisationen und die Vereinten Nationen unterwandert und für ihre Zwecke

missbraucht. Das Ausmaß der Korruption ist auf diesem Planeten ungeheuerlich.
Und es geht darum, dass die Bevölkerung erkennt, wie sie in fast allen Ländern der Welt betrogen und missbraucht wird. Der andere Wandel findet in eurer Bewusstheit statt – ihr dürft euch als machtvolle göttliche Wesen erkennen und diese Macht bewusst anwenden lernen.

Eure Gedanken und Überzeugungen können Berge versetzen! Schaut euch eure Glaubenssätze an und welche Macht sie über euer Leben haben. Wenn ihr beispielsweise die Überzeugung pflegt: „Lichtenergie kommt bei mir nicht an. Ich spüre nichts!“ Dann spannt ihr energetisch gesprochen einen Schirm über euch auf. Damit bestätigt sich eure verdrehte Überzeugung. Da ihr Schöpfergötter seid, erschafft sich für euch persönlich immer das, wovon ihr überzeugt seid. Egal ob es sinnvoll oder einschränkend ist!
Aber sobald ihr diesen Glaubenssatz erkennt und verändert, sobald ihr bereit seid zu sagen: „Ich bin erfüllt mit göttlicher Energie, ich bekomme jede Unterstützung, die ich benötige! Mein Leben ist eine Bereicherung, es ist freudvoll und trägt mich!“ Wenn ihr damit im Einklang seid, ist der Berg, der euch im Wege stand, versetzt und dann spürt ihr auch, dass alles ins Fließen kommt.
Wenn ihr verbunden seid mit dem Licht, dann tut ihr das, was euch die größte Erfüllung schenkt. Ihr tut dann die Dinge, die euch am Herzen liegen und von denen ihr spürt, dass ihr dafür auf die irdische Ebene gekommen seid!

Deine Aura ist ein Lesegerät

Kuthumi
Geliebte Schülerinnen und Schüler des Lichtes, das ist Meister Kuthumi. Wir begrüßen euch ganz herzlich.
Ihr seid ausgestattet mit einem feinstofflichen System, auch, wenn es in eurem Schulunterricht keine Rolle gespielt hat, ihr habt es trotzdem und wendet es alle an – vollautomatisch.
Zum Beispiel könnt ihr als Kleinkind Geistwesen wahrnehmen. Ihr spürt sehr deutlich, wenn Besuch da ist aus der geistigen Welt, wenn euer göttliches Hohes Selbst auf Besuch kommt, dann freut ihr euch, dann lächelt ihr, dann winkt ihr mit euren Ärmchen, und ihr seid hoch beglückt.
Auch kann sich euer göttliches Hohes Selbst / euer Schutzengel, wenn es notwendig sein sollte, kurzzeitig auf der Erde materialisieren.
Es könnte sein, dass zum Beispiel ein kleines Kind zu einem Teich im Garten läuft, und auch wenn dieser Teich nicht tief ist, könnte das Kind hineinfallen und Schaden nehmen. Das wäre beispielsweise eine Situation, wo sich der Schutzengel materialisiert. Er könnte das Kind vom Teich weglocken, indem er ihm etwas zeigt, zum Beispiel einen wunderschönen Käfer, der da auf seiner Hand krabbelt. Dann wird die Aufmerksamkeit weggezogen und das Kind geht woanders hin, weg von der Gefahrenquelle des Teiches und sieht sich etwas Schönes an. Das könnte zum Beispiel euer Schutzengel tun, aber er tut es nur dann, wenn es notwendig ist.

Meine Lieben, ihr habt ein feinstoffliches System. Euer Körper ist umgeben von einer Aura, von einem

Energiefeld.
Wenn ihr euch zum Beispiel in einer Gruppe Menschen befindet, dann spürt ihr, wenn euch jemand zu nah kommt und in euer Energiefeld eindringt. Ihr spürt in eurer Aura das Energiefeld des anderen. Und dann läuft in euch vollautomatisch etwas ab: Eure Seele überprüft: Ist das eine angenehme Aura oder eine unangenehme? Wenn ihr Probleme mit dem Energiefeld habt, dann bewegt ihr euch einige Schritte zur Seite und das läuft vollautomatisch. Sollte es ein angenehmes Energiefeld sein, dann bleibt ihr stehen oder verkürzt sogar den Abstand. So kann beispielsweise euer göttliches Hohes Selbst schon früh ablesen, ob ein neuer Partner / eine neue Partnerin energetisch passt.

Genauso lest ihr vollautomatisch bei eurem Gegenüber im Energiefeld. Wenn ihr jetzt jemanden trefft auf irdischer Ebene, den ihr bereits aus früheren Leben oder von der Seelenebene kennt, dann werdet ihr vollautomatisch bestimmte zusätzliche Informationen, die euer Verstand nicht weiß, haben. Ihr erfasst auf unbewusster Ebene die Vorlieben und Abneigungen dieser Person.
Das läuft über euer inneres System, über eure Seele und die Chakren. Ihr könnt andere Menschen bis zu einem gewissen Grad lesen, und das tut ihr vollautomatisch, ohne dass ihr euch dabei anstrengen müsst. Ihr schließt mit denen Freundschaften, die euch häufig schon bekannt sind. Ihr wundert euch dann darüber, dass ihr so offen seid und Dinge von euch preisgebt, die andere Menschen, mit denen ihr schon länger zusammen seid, nicht wissen.

Meine Lieben, ihr habt ein feinstoffliches System und dieses System ist fähig Gegenstände und andere

Menschen zu lesen oder Botschaften zu empfangen. Ihr seid auf der Erde in einem Wandel, bei dem diese Anwendungen ganz natürlich zum Tragen kommen. Ihr alle könnt es! Achtsamkeit und das Lesen des Energiefeldes gibt es schon bald als neues Schulfach. Die ersten Länder haben damit schon begonnen.

Damit eure Empfänglichkeit und diese Informationen richtig gut fließen können, ist es wichtig, dass ihr euch bemüht positiv zu denken. Beobachtet euch selbst und nehmt bewusst eure Gedanken wahr! Geht in die Korrektur. Wenn ihr euch dabei ertappt, dass ihr gerade irgendetwas Negatives sagt, wenn ihr euch vergleicht mit anderen, wenn ihr euch selbst abwertet oder euch eure Fähigkeiten absprecht, dann seid ihr aufgerufen noch einmal zu denken. Nehmt auch bewusst wahr, was ihr über die Zukunft der Welt denkt und äußert. Das läuft alles über euren Verstand und es könnte gespeist sein von euren persönlichen Ängsten. Es wäre sehr hilfreich, wenn ihr euch selbst als das göttliche Wesen erkennt, das ihr seid! Erinnert euch an eure Seele und das in euch schlummernde Potenzial! Der Himmel ist an eurer Seite! Er unterstützt und beschützt euch, wenn ihr das zulassen könnt.
Es ist ebenso wichtig, dass ihr eure Gefühle annehmt, dass ihr sie nicht verdrängt und wisst, wie Gefühle aus der Kindheit oder früheren Leben geprägt wurden. Und danach kommt der Schritt in die Selbstverantwortung, indem ihr lernt, durch positive Gedanken diese Gefühle in freudvolle, liebevolle Bahnen zu lenken.

Wenn ihr anfangt positiv, liebevoll, achtsam zu denken, dann entsteht in euch ein Energiefeld der Geborgenheit, der Liebe, der Ausgeglichenheit. Manch einer von euch

kennt das zum Beispiel während einer kreativen Arbeit. Wenn ihr beispielsweise ein Bild malt, ein Instrument spielt, ein Buch schreibt, ein Lied komponiert, dann vergesst ihr die Zeit, eure Bedürfnisse und könnt euch hineinbegeben in einen energetischen Zustand, den ihr „Flow“ nennt. Ihr vergesst vollkommen die Zeit und befindet euch in einem Rauschzustand, bei dem ihr tief verbunden mit dem Geistigen seid. Ihr seid ganz klar auf Empfang, obwohl euch dieser Empfang gar nicht bewusst ist. Ihr kennt diesen Zustand alle aus künstlerischen Leben!
Dabei erschafft ihr aus eurem Inneren heraus etwas Neues und das, was ihr da erschafft, kommt über eure Inspiration in euer Bewusstsein. Ihr seid also alle vollautomatisch verbunden mit der geistigen Welt!
Was wir euch ebenfalls sagen möchten, ist: Jeder von euch hat geistige Fähigkeiten! Jeder von euch hat feinstoffliche Antennen, und ihr nutzt sie vollautomatisch. Ihr tut das in eurem Alltag, ohne es bewusst wahrzunehmen.

Meine Lieben, ihr alle seid göttliche Wesen. Ihr alle seid große Schöpfergötter. Ihr erschafft euch euer eigenes Leben mit allen Umständen, die ihr angezogen habt! Und es ist dabei zweitrangig, ob ihr diese Umstände liebt. Ihr erschafft sie über eure persönlichen Gedanken, Überzeugungen und Gefühle!

Deine feinstofflichen Antennen, und wie du sie schärfen kannst

Konfuzius
Meine Lieben, ihr seid in eurer Aura Gott! Alles, was ihr denkt, was ihr glaubt, wovon ihr überzeugt seid, alle Gefühle, Aussendungen, Bewertungen, all das sendet sich aus und erschafft innerhalb eurer Aura einen selbstgewählten Zustand.
Wenn ihr euch Dinge sagt wie beispielsweise: „Ich bin lichtvoll, ich bin kraftvoll, ich bin gesund, mir geht es gut", dann wird sich das erfolgreich umsetzen und verwirklichen.

Die Schwingung auf der Erde ist so hoch, dass die Materialisationsgeschwindigkeit immer schneller wird. Ihr seid Götter und ihr erwacht gerade aus einer Art Winterschlaf. Der Winterschlaf eurer Seele, der jetzt immer mehr abgeschüttelt wird. Ihr lernt die in euch eingebauten Instrumente der Seele kennen.

Ihr habt beispielsweise eine Zirbeldrüse. Sie sitzt hinter eurer Stirn, und das ist eine Antenne, die verbunden ist mit dem feinstofflichen Bereich. Ihr empfangt über die Zirbeldrüse die Gedanken eures göttlichen Hohen Selbstes, die Gedanken eurer Seelengeschwister, eurer Ahnen. Sie kommen bei euch an, als ob ihr in eurem Inneren Selbstgespräche führt.
Ihr seid Schöpfergötter, die gerade erwachen. Es geht darum, dass ihr mit dieser ganzen Energie freudvoll umgeht, dass ihr es schafft, über euch selbst zu lächeln. Und Lächeln ist überhaupt etwas, was euer System sehr nach oben puscht.

Meine Lieben, wenn euer Lächeln und eure Freude aufsteigen, eure Augen zum Strahlen bringen, dann schüttet euer Gehirn Glückshormone aus. Ihr könnt euch selbst dabei in einen höher schwingenden Zustand versetzen. Beobachtet es!
Manch einer von euch wird sogar das Feuerwerk in seinem Kopf spüren. Puscht euch selbst und nutzt die Möglichkeiten, die in euch angelegt sind.
Nun ist es so, bei euch ist es auch üblich, dass gerade im Servicebereich viele Beschäftigte gesagt bekommen: „Sei freundlich zu den Kunden! Lächle sie an!“ Und das könnte dann auch ein aufgesetztes Lächeln sein. Sie verziehen den Mund, aber es steigt nicht in die Augen. Wichtig ist, dass euer Lächeln, wenn ihr euch puschen und in einen hochschwingenden Zustand versetzen wollt, die Augen erreicht! Das ist wichtig! Eure Zirbeldrüse und eure Augen nähren sich zum Beispiel über das Sonnenlicht. Es dringt über die Augen in euer Bewusstsein ein.
Wenn ihr euch also täglich für einige Zeit, vielleicht für fünf bis zehn Minuten in die Sonne setzt und sie auf eure geschlossenen Lider scheinen lasst, dann tankt und regeneriert sich euer inneres System. Es regeneriert eure Empfänglichkeit und eure Antennen in den feinstofflichen Bereich. Ihr werdet sinngemäß geflutet mit Licht und dieses Licht ist sehr tauglich für eure Entwicklung, für euer Bewusstsein und euer Wohlbefinden.

Solltet ihr euch beispielsweise einen intensiveren Kontakt zum feinstofflichen Bereich wünschen, dann könntet ihr folgende Übung machen:
Konzentriert euch für zwanzig Minuten als erstes auf euer Basis-Chakra. Achtet darauf, dass euer Kopf still ist.

Wischt die Gedanken zur Seite, die da eventuell auftauchen. Konzentriert euch ganz auf die gleichmäßige Schwingung eures Basis-Chakras. Spürt die Energie für zwanzig Minuten und macht diese Übung etwa acht bis zehn Tage. Nur das Basis-Chakra.

Dann geht zum nächsten Chakra. Konzentriert euch auf das Sakral-Chakra und macht dann dieselbe Übung auch wieder für acht bis zehn Tage. Vielleicht gibt es zwischendrin einen Tag, an dem ihr wenig Zeit habt, dann lasst ihr es mal weg und verlängert auf zehn Tage. Wenn diese Zeit um ist, dann wandert ihr zum nächsten Chakra.

Wenn ihr diese Übung macht, dann werdet ihr als erstes nach ungefähr drei bis vier Wochen spüren, dass ihr in gefühlsmäßige Zustände kommt, die brillant, ausgeglichen und einfach nur göttlich sind. Ihr habt das Gefühl verbunden und im Frieden zu sein mit allem was ist. Das ist eine gute Grundvoraussetzung, um euch noch mehr zu eröffnen.

Wenn ihr dann über das Sakral-Chakra, das Herz-Chakra nach oben wandert, dann werdet ihr möglicherweise spüren, dass euer göttliches Hohes Selbst gerade anwesend ist. Es könnte euch berühren. Ihr spürt vielleicht ein Streicheln, obwohl ihr eigentlich im physischen Sinne allein im Raum seid.

Dann kann es noch weiter gehen. Euer Chakren-System wird dabei von unten nach oben aktiviert. Ihr werdet möglicherweise innere Bilder sehen. Ihr werdet auch Hinweise erhalten und ihr könnt, wenn ihr das durchgespielt habt auch ganz bewusst mit eurem göttlichen Hohen Selbst kommunizieren.

Begebt euch in die Meditation, stellt eine Frage an euer Hohes Selbst und sie wird beantwortet. Meine Lieben, übt euch damit! Was wir sagen möchten, ist, wenn ihr bestimmte Übungen tut und das mit einer gewissen Regelmäßigkeit, dann könnt ihr auch diese heftige Zeit des Wandels, in der ihr euch gerade befindet, ganz leicht durchlaufen. Seid gesegnet, das war Konfuzius.

Ihr seid alle medial und kommt aus einer Hochkultur

Jesus Sananda

Geliebte Schülerinnen und Schüler des Lichtes, das ist Jesus Sananda, wir begrüßen euch ganz herzlich! Medialität ist etwas vollkommen Natürliches. Ihr alle seid medial. Oftmals schnappt ihr im Alltag Impulse von eurem Hohen Selbst auf. Das ist ganz natürlich!

Ihr alle seid verbunden mit dem Geistigen und das Empfangen von Botschaften ist selbstverständlich. Es ist sogar so sehr alltäglich, dass ihr euch die Ausmaße dessen gar nicht vorstellen könnt. Bringen wir dafür ein Beispiel:

Angenommen, ihr kommt von der Arbeit und geht gleich im Anschluss einkaufen in den Supermarkt. An der Brottheke bekommt ihr den innerlichen Impuls in Form eines Gedankens, der sich mehrfach wiederholt: „Kaufe ein Brot!"

Es ist ein Satz, der plötzlich im Kopf klar da ist. Ihr empfangt ihn sehr deutlich. Und jetzt reagiert euer Verstand und ihr erklärt dieser Botschaft gedanklich: „Das ist vollkommen unnötig! Ich habe daheim ein Brot eingefroren!"

Ihr reagiert also sogar auf das, was ihr empfangt und antwortet gedanklich darauf! Für euch fühlt es sich an wie

Gedanken im Kopf oder innere Selbstgespräche.
Aber die Geschichte geht weiter: Ihr erinnert euch an einen Schokoladenaufstrich und den Gedanken: „Nimm ihn mit, er ist gerade im Angebot!" Ihr hattet das Glas in der Hand, habt es aber zurückgestellt.
Ihr bezahlt, verstaut euren Einkauf, fahrt nach Hause und schleppt die Einkäufe ins Haus. In der Küche sitzt euer 12-jähriger Sohn mit sechs gleichaltrigen Freunden aus dem Sportclub. Auf dem Tisch steht der Toaster, vom aufgetauten Brot sind noch zwei Scheiben übrig, und daneben ist das leergekratzte Glas Schokoladenaufstrich.
So ähnlich funktioniert bei euch allen das Empfangen von Botschaften! Es ist also in jedem Menschen als Fähigkeit angelegt, und hättet ihr es bereits in der Schule gelernt, gäbe es heute mehr Vertrauen und weniger Missverständnisse.

Ihr alle seid geistige Wesen, ihr seid verbunden mit dem Göttlichen, ihr träumt des Nachts, und viele von euch sind auf die irdische Ebene gekommen, um diesen Prozess des Wandels zu weltweitem Frieden, globaler Gerechtigkeit und freiheitlicher Selbstentfaltung zu unterstützen.

Meine Lieben, habt ihr euch schon einmal darüber gewundert, dass eure Vorfahren in der Lage waren Häuser zu errichten, die wunderschön, detailliert, verziert mit Skulpturen und mit Kuppeldächern gestaltet waren? Jede Epoche, ob Gotik, Renaissance, Rokoko, Barock und Klassizismus hatte wunderschöne Bauten mit Spitzbögen, Rundbögen, Säulen, Skulpturen, und jetzt pflegt ihr den Schuhkartonstil. Seelenlos, kurzlebig und langweilig. Wie ist das passiert?

In der Geschichte erzählt man euch, dass die Elektrifizierung der Häuser und Straßen und der Einsatz der ersten Elektrogeräte gerade einmal vor 100 bis 130 Jahren begann, und trotzdem waren eure Vorfahren im 12. bis 18. Jahrhundert anscheinend in der Lage gigantische Schlösser zu errichten, wunderschöne Kathedralen, beeindruckende Brunnen, Torbögen und Straßen, die von diesen Torbögen wegführten. Sie bauten Sternenfestungen, Springbrunnen und künstliche Wasserstraßen. Und das ganz ohne Strom und Elektrogeräte? Wie haben sie das gemacht? Gibt es dafür eine Erklärung? Glaubt ihr wirklich, dass sie mit Hammer und Meißel an den einheitlichen Säulen gearbeitet haben?

Meine Lieben, irgendetwas stimmt in eurer Geschichte nicht! Ganz offensichtlich kommt ihr aus einer Hochkultur! Eure Vorfahren hatten eine Zivilisation entwickelt, von der ihr heute nur träumen könnt. Sie verfügten über eine Energieform, die heute unbekannt ist. Diese freie, kostengünstige Energie wurde aus dem Äther gespeist, verteilt über Antennen und gespeichert in Torbögen. Das Element Quecksilber hat dabei eine wichtige Rolle gespielt. Damit konnten Häuser beheizt und energetisch versorgt werden. Und sie haben ihre Häuser auch nicht mit Hammer und Meißel gebaut – das können wir euch versichern. Es gab Elektrogeräte weit vor 1900!
In der Geschichte lernt ihr, dass um 1800 die Dampfmaschine erfunden und damit die Industrialisierung eingeleitet wurde. Nur, die andere Technik mit den Quecksilberantennen und freier Energie ist aus den Lehrbüchern verschwunden. Warum?
Ihr könnt noch heute auf den Dächern alter Gebäude Türmchen und Antennen erkennen – nun viele wurden

auch abgebaut, aber schaut euch alte Postkarten an. Dann werdet ihr einen regelrechten Wald an Antennen auf den Dächern finden. Habt ihr euch nie gefragt, warum das so ist? War es nur eine Modeerscheinung oder Zierde?

Auf diesem Gebiet gibt es eine ganze Menge zu entdecken! Nicola Tesla hat nach vielen Experimenten die freie Energie aus dem Äther wiederentdeckt, er wollte sie gern der Menschheit zur Verfügung stellen, aber sein Finanzier schloss sie lieber im Safe weg und strich ihm die Forschungsgelder. Ein Erfinder, der die Absicht hatte, kostenlose Energie mit der Menschheit zu teilen war gefährlich!

Die freie Energie wurde etwa um 1800 durch einen künstlich erzeugten Blitz zerstört, darauf folgte eine weltweite Schlammflut und viele Menschen starben. Hinweise auf die Schlammflut findet ihr ebenfalls an alten Gebäuden. Die untere Etage ist teilweise im Erdboden verschwunden. Die Fenster schauen nur zum Teil über das Straßenniveau hinaus und wirken wie halbe Kellerfenster. Das Ganze sieht gedrungen und asymmetrisch aus. Hat es eine Anhebung des Bodens gegeben?
Nach der Zerstörung der freien Energie erzählte man euch, dass Energie aus dem Äther unberechenbar sei und man sich vor ihr schützen müsse! Dafür wurden später die Blitzableiter erfunden.

Fortan wurdet ihr abhängig von fossilen Brennstoffen. Der Strom musste in Generatorenwerken produziert und über Umspannwerke und Leitungen zu den Häusern transportiert werden. Öllampen kamen vorübergehend in

Mode. Riesige Schlösser hatten als Wärmequelle nur noch den Kamin und die Bewohner froren im Winter entsetzlich. Das war der Anfang einer Rückentwicklung und sie war gewollt!
Überprüft bitte, was wir euch erzählen! Schaut euch alte Gebäude an und fragt euch auch, welche Industrie von dieser Rückentwicklung profitiert hat?
Ihr wurdet abhängig von fossilen Brennstoffen, für die ihr bezahlen musstet.

Dann kam Darwin mit seiner Evolutionstheorie, die anscheinend nachwies, dass der Mensch vom Affen abstammte. Er bekam viel Geld dafür! Sie ist bis heute nicht bewiesen – eben eine Theorie! Aber ihr vermittelt sie an euren Schulen so, als ob es sich um eine Tatsache handle. Und das alles geschieht, damit ihr niemals auf die Idee kommt, Götter zu sein!

Im nächsten Jahrhundert wurdet ihr abhängig gemacht von der Pharmaindustrie. Der Flexner-Bericht von 1910 im Auftrag des Carnegie-Institutes beendete die Laufbahn einer nebenwirkungsfreien Naturheilkunde. Der Menschheit wurde erklärt, dass Naturheilverfahren wirkungslos seien. Alles Geistige und Ganzheitliche wurde von den medizinischen Hochschulen verbannt und konnte nur noch im Hintergrund existieren. Über die Hälfte der medizinischen Ausbildungsstätten wurden geschlossen. Heilpflanzen wie Hanf wurden ausgerottet, sehr wirkungsvolle Medikamente in Misskredit gebracht und schließlich verboten. Dafür wurde sehr viel Geld in die chemische Industrie gesteckt. Der Mensch wurde reduziert auf den physischen Körper, der anscheinend wie eine Maschine funktionierte. Das ist die Medizin von heute!

Meine Lieben, was wir euch damit sagen möchten, ist: Eure Gesellschaft und die Wissenschaft wurden einem furchtbaren Wandel unterzogen, der in keiner Weise dem Wohl des Volkes dient! Die positiven Kräfte wurden ausgehebelt und kaltgestellt, verboten und in gezielten Kampagnen vernichtet.

Ihr, die Lichtarbeiter, seid ins Irdische gekommen, um bei diesem Wandel zurück in eine Hochkultur zu helfen! Ihr alle seid auf natürliche Weise medial. Ihr seid verbunden mit der geistigen Welt, und ihr benutzt auch sehr viele Dinge, die ihr aus früheren Leben kennt, vollautomatisch. Und wir, die aufgestiegenen Meister, haben die Aufgabe, euch zusammenzuführen, Informationen mit euch zu teilen und diesen Wandel ins Goldene Zeitalter zu unterstützen! Auf der Erde befinden sich etwa eine Milliarde Lichtarbeiter.

Frage:
Woran erkennen wir, wenn wir einen Lichtarbeiter treffen?

Jesus Sananda
Wenn ihr beispielsweise auf der irdischen Ebene einem Menschen begegnet, dessen Seele ihr aus früheren Leben kennt, dann spürt ihr das. Ihr spürt es vielleicht nicht in der Art, dass da sofort eine Nachricht kommt, die lautet: „Diese Person kennst du!" Obwohl auch das vorkommen könnte!
Ihr spürt es eher energetisch und auf der Gefühlsebene, zwischen euch ist etwas vorhanden, das ihr nicht bei allen Menschen habt – eine Art Urvertrauen.

Da kommt jemand und ihr öffnet euch bei Gesprächen in einer Art und Weise, die euch vielleicht im Nachhinein wundersam erscheint. Ihr fragt euch: „Warum habe ich dieser Person solche Details von mir erzählt? Wieso war ich so offen? Ich kenne sie doch gar nicht! Ich habe Arbeitskollegen, mit denen ich seit 15 Jahren zusammenarbeite und Gespräche mit diesem Tiefgang sind da nicht vorgekommen.“ Wer da analysiert, das ist euer Verstand! Ihr kommt bei euren Gesprächen auch sofort zum Thema Spiritualität, Bewusstseinsarbeit, freie Energie, Meditation, gesunde Ernährung und so weiter.

Meine Lieben, ihr habt eine Seele. Diese Seele existiert ewig, und sie hat nichts mit einem Affen gemein! Das können wir euch versichern! Ihr entwickelt euch voran, mit jedem einzelnen Leben. Ihr übernehmt vollautomatisch Fertigkeiten, die ihr in der Vergangenheit in früheren Leben erworben habt.

Vielleicht seid ihr in diesem Leben handwerklich, obwohl ihr keinen handwerklichen Beruf erlernt habt. Ihr wisst es einfach. Ihr nutzt es vollautomatisch. Ihr könnt die vorhandenen Fertigkeiten aus früheren Leben nutzen. Das tut ihr immer, ohne dass es euch merkwürdig erscheint.

Meine Lieben, wir möchten euch sagen: Vertraut euren eigenen Fähigkeiten, folgt eurem Bauchgefühl und trefft die Entscheidungen mit eurem Herzen. Ihr alle seid medial! Ihr alle seid verbunden mit dem Geistigen und besitzt eine ewig existierende Seele.

Nachts, wenn ihr schlaft, verlässt ein Teil von euch den physischen Körper und geht in den feinstofflichen Bereich. Ihr bemerkt das manchmal in der Einschlafphase. Euer Körper wird müde, ihr lasst alles los und plötzlich habt ihr das Gefühl, dass ihr herunterstürzt, als würdet ihr irgendwo abstürzen. Dann erschreckt ihr euch, ihr werdet wieder wach und ihr fragt euch: „Was war das jetzt?"

Euer Traumkörper geht jede Nacht aus dem physischen Körper heraus. Er schwebt auf die Traumebene und dort werdet ihr manchmal unterrichtet, oder ihr plant euer eigenes Leben vor. Ihr seid auf der Traumebene sehr offen, erzählt eure Anliegen, und ihr bekommt himmlische Unterstützung. Euer göttliches Hohes Selbst steht euch bei – ebenso eure Seelengeschwister.

Des Weiteren könnt ihr Unterstützung von den aufgestiegenen Meistern und Erzengeln anfordern. Wir dürfen in euer Leben nicht einfach eingreifen! Da ihr einen freien Willen habt, muss der Wunsch nach Hilfe von euch kommen!

Meine Lieben, kommen wir noch einmal zum Thema Medialität: Das Empfangen von Botschaften ist etwas vollkommen Normales. Und ihr habt es möglicherweise schon in früheren Leben erlernt.

Wenn ihr beispielsweise in einem früheren Leben Künstler wart, dann ist euch die Inspiration überaus vertraut. Maler sehen vor ihrem inneren Auge das fertige Bild. Musiker hören in eurem Kopf Musik. Schriftsteller und Medien kennen verbale Botschaften, die wie ein inneres Diktat ablaufen. Das alles sind Möglichkeiten, um Botschaften und Inspiration aus dem Geistigen zu empfangen und es geschieht vollautomatisch.

Ihr müsst euch nicht besonders anstrengen, auf Nagelbrettern schlafen oder jeden Tag fünf Stunden meditieren. Obwohl Meditation sehr nützlich ist, um diese Fähigkeiten zu intensivieren.

Gut, meine Lieben, geht mit Leichtigkeit, mit Freude durch euer Leben und schaut euch die alten Gebäude an. Seid gesegnet, seid in der Liebe. Das war Jesus Sananda.

Was läuft an den Schulen falsch?

Konfuzius
Ihr kommt aus einem System, welches Gehorsam und stupides Auswendiglernen belohnt. Hinterfragen und selbständiges Denken werden eher bestraft. Wer brav die kümmerlichen Thesen aufsagen kann ohne Zweifel anzumelden oder gar kritische Fragen zu stellen, hat in eurer Gesellschaft früher gute Chancen gehabt. Wer signalisiert, dass er sich anpasst, seine eigene Wahrheit verdrehen lässt und die Lerninhalte und Thesen, und wenn sie noch so haarsträubend sind, verteidigt, hatte früher echte Karrierechancen. Intelligente Fragen stellen oder gar eigene Theorien entwickeln wurde eher als Aufsässigkeit oder Dummheit bewertet, und das nicht nur im Unterricht sondern auch im Berufsleben.
Euer Schulstoff steht auf einigen tönernen Säulen, die mehr faul als richtig sind und wird sich in der nächsten Generation so vollständig erneuern, dass es eine Freude sein wird, ihn zu verstehen. Es gibt für euch noch sehr viel zu überprüfen und zu entdecken!

Jedes Kind ist von Natur aus wissbegierig, neugierig und hat einen natürlichen Drang zu lernen. Wenn ihm allerdings schwer schluckbare Thesen als Tatsache verkauft werden, die es gefälligst hinzunehmen hat, dann braucht ihr euch nicht zu wundern, dass dieser natürliche

Wissensdrang von Resignation ersetzt wird. Wie so etwas abläuft, erzählen wir euch gern an einem Schulbeispiel:
Es ist gerade Geographie, der Lehrer erzählt: „Die Erde ist eine Kugel. Sie dreht sich einmal am Tag um die eigene Achse und gleitet auf einer vorgesehenen Bahn durchs All. Sie besteht zu 70 % aus Wasser und zu 30 % aus Landmasse. Die Landmasse besteht aus fünf großen Kontinenten, das sind ..."
Der Lehrer wird in seiner Rede von Mark unterbrochen: „Aber wieso hält das Wasser, wenn es eine Kugel ist? Ich war letzte Woche mit meinem Vater im Park Tennisspielen und dabei ist der Ball in den Teich gefallen.
Als wir dann mit dem nassen Ball weitergespielt haben, ist das Wasser ..."
Der Lehrer unterbricht ihn: „Das gehört nicht hierher!"
Mark: „Aber ich wollte doch nur wissen, warum das Wasser von der Erde nicht abfließt?"
Lehrer: „Das sind die Schwerkraft und der Erdmagnetismus. Das lernt ihr im Physikunterricht, nicht bei mir."
Mark: „Dann hält die Schwerkraft das Wasser am Boden?"
Lehrer: „Ja, frage nicht so blöd!"
Mark: „Und warum ist das Wasser so leicht, dass ich einen ganzen Eimer davon tragen kann, wenn die Schwerkraft doch das Wasser am Boden halten muss?"
Lehrer: „Deine Meinung ist hier nicht gefragt. Das zeigt nur, wie dumm du bist!"
Mark: „Wenn der Magnetismus so intensiv ist, wieso können Vögel fliegen?"
Der Lehrer brüllt: „Raus!" und notiert im Klassenbuch: Mark ist rebellisch und stört mehrfach den Unterricht mit unpassenden Bemerkungen.
In Wirklichkeit handelt es sich um intelligente Über-

legungen, die aber im Keim erstickt werden, weil sie nicht in das Weltbild passen, was euch vermittelt wird.
Ihr sollt das Weltbild gefälligst schlucken und nicht anzweifeln! Auf diese Art und Weise schafft man Individuen, die abgestumpft zu allem „Ja“ sagen und nichts hinterfragen! Irgendwann geben sie auf und sagen sich: „Es ist zwar komplett unlogisch, aber vielleicht bin ich wirklich nicht schlau genug.“
Dass es eine Taktik ist, die euch gefügig machen soll, erkennen derzeit in den Industrieländern nur etwa 25 Prozent der Bevölkerung – Tendenz steigend. Und sie haben sich gegen alle Widerstände ihre innewohnende Weisheit erhalten. Es sind sehr alte Seelen, die es sich zur Aufgabe gemacht haben, der Erde bei der Umgestaltung in ein Paradies für alle Bewohner zu helfen.

Zwei Zukunftspläne

Kuthumi
Der göttliche Plan sieht vor, dass die Bevölkerung der Erde frei leben kann. Selbstbestimmung, soziale Sicherheit, freie Energie, Gerechtigkeit, ein qualitativ hochwertiges Leben im Einklang mit der Natur, Wohlstand und das Erkennen eurer eigenen Göttlichkeit und wie ihr dieselbe praktisch im Leben anwendet – alle diese Energien kommen jetzt mit Macht auf die Erde. Der Gerechtigkeitssinn und der Wunsch nach einem lichtvollen, eigenverantwortlichen Miteinander in der Gesellschaft brechen auf. Immer mehr Menschen spüren, dass die Pläne ihrer Regierungen nicht menschenfreundlich und sozial sind. Sie gehen auf die Straße und

verlangen Freiheit, Mitbestimmung, weltweiten Frieden und echte Demokratie. Sie treffen sich in Projekten, in denen sie ein neues Miteinander praktisch umsetzen. Manchmal leben sie in Kommunen mit neuartigen Schulen, Selbstversorgung, Biogärten und verwirklichen die eigenen Visionen. Erfindungen, die in der Vergangenheit weggeschlossen wurden, weil sie den Machthabern nicht in den Plan gepasst haben, werden jetzt praktisch umgesetzt. Dabei geht es um freie Energie, aber auch um Schwingungsfrequenzen und ihre Auswirkung auf die Gesundheit des Menschen, sowie dessen Erhebung zu einem bewussten, schöpferischen Wesen. Die Neuerungen sind überaus vielseitig.

Auf der Gegenseite gibt es die Marionetten der Superreichen – eure Politiker. Sie bekommen ihre Instruktionen und setzen diese gegen den Willen des Volkes durch. Es war nie deutlicher als jetzt! Sie dienen etwa 300 unglaublich reichen Familien, die aus dem Hintergrund die Fäden ziehen. Die Superreichen besitzen Bodenschätze und Firmenimperien, pflegen Umgang miteinander, heiraten untereinander, damit der Reichtum in der Familie bleibt. Sie haben ihre eigenen Geschäfte, Schulen, Paläste, Yachten, Flugzeuge und weltweiten Besitztümer. Ihr Reichtum verhilft ihnen zu einer Macht, die sonst niemand auch nur im Ansatz erreichen könnte. Natürlich haben sie auch persönliche Bedienstete und Angestellte, die häufig seit Jahrhunderten aus den gleichen Familien rekrutiert werden. Die Kinder der Bediensteten werden in Internaten in ihre künftige Bestimmung eingeführt, sie besuchen berühmte Universitäten und bekommen begehrte Positionen in Politik und Nichtregierungs-organisationen, in denen sie den Reichen und Mächtigen

bei der Ausdehnung ihrer Macht und ihres Einflusses dienlich sind. So läuft das seit Jahrhunderten – im Falle der NGOs seit Jahrzehnten!
Die Superreichen pflegen untereinander Kontakt, treffen sich regelmäßig und geben Politdarstellern Anweisungen, welche Gesetze sie jetzt durchzubringen haben. Sie beschäftigen Lobbyisten, die ihre Wünsche weitergeben. Die gesamte westliche Presse gehört ihnen, und sie bestimmen, was ihr erfahren sollt und was nicht. Das ganze korrupte System funktioniert beinahe weltweit recht gut. Aber es gibt auch Regionen, auf die sie wenig oder keinen Einfluss haben.

Derzeit planen sie eine Weltregierung, die Totalüberwachung jedes Menschen und die Reduzierung der Weltbevölkerung auf 500 Millionen Menschen, die für sie als Aufseher und Arbeitssklaven tätig sein sollen. Die Arbeitssklaven bekommen Kleidung, Essen und Unterkunft. Die Aufseher sind nach ihren Plänen ein wenig bessergestellt und dürfen ihre Machtgelüste an den Sklaven ausleben. Die Bevölkerung der Erde wird durch „Impfungen“ als erstes reduziert – das läuft gerade, danach sollen sie süchtig und gefügig gemacht werden. Dabei verlieren sie die Fähigkeit zum selbstreflektierten Denken und mutieren zu willenlosen Arbeitssklaven, deren Leben aus Arbeit, Essen und Schlafen besteht. Das ist in Kurzform ausgedrückt ihr Ziel! Die gute Nachricht ist: Es wird nicht gelingen!

Frage:
Ich habe in einem früheren Buch gelesen, dass es drei Phasen für diesen Aufstieg der Erde gibt. Und demnach sind wir jetzt in der zweiten?

Kuthumi
Ja, auf der Erde gibt es nach Plan drei siebenjährige Zyklen der Umgestaltung. Wobei der mittlere Zyklus, in dem ihr gerade seid, am heftigsten ist, weil es dabei um die Umgestaltung der Gesellschaft geht. Begonnen hat der erste Zyklus am 21.12.2012 und lief bis Dezember 2019. In der ersten Phase ging es um das Erwachen der Menschheit und das Erkennen der eigenen Göttlichkeit und das Verständnis, wie eure Schöpfermacht funktioniert. Viele hatten in dieser Zeit spirituelle Erlebnisse, die ihr bisheriges Weltbild ins Wanken gebracht haben. Einige begannen zu meditieren. Sie haben Kurse besucht, die spirituelles Wissen vermitteln, und sind mit ihrer eigenen Schöpfermacht in Kontakt gekommen. Bei vielen ging das mit heftigen Emotionen, Schicksalsschlägen und intensiven Entwicklungsprozessen einher. Andere haben erkannt, dass auf der Erde und in der Art und Weise des Zusammenlebens einiges im Argen liegt. Und sie haben sich gefragt, wie ein gerechtes Gesellschaftssystem beschaffen sein könnte? Sie haben diskutiert und im Geiste die Welt verbessert.
Seit Ende Dezember 2019 seid ihr in der zweiten siebenjährigen Phase, in der es um die Umgestaltung des gesellschaftlichen Zusammenlebens geht. Die alten Machtstrukturen brechen zusammen. Die ganzen Lügen, die euch erzählt wurden, kommen ans Licht. Das führt zur Verhaftung von Regierenden, die sich als Handlanger der Superreichen outen. Sie alle werden in öffentlichen Prozessen zur Verantwortung gezogen. Ihre Vermögen und die Besitztümer werden eingezogen.
Letztlich entsteht eine neue, friedliche Gesellschaft, die ihr aufbauen werdet. Wie ihr seht, ist das Ganze absolut vielseitig und gewaltig.

Auf so vielen Gebieten gibt es Fehlinformationen. Ihr werdet am laufenden Band belogen und betrogen – aus dieser Vergangenheit und Gegenwart kommt ihr. Aber die Wahrheit setzt sich letztendlich durch! Die zweite Phase läuft nach Plan bis Dezember 2026. Danach kommt noch ein siebenjähriger Neuaufbau und Feinschliff, so möchten wir es bezeichnen.
Noch ein Wort zu den Zeitangaben: Letztendlich bestimmen die anwesenden Seelen auf der Erde den Zeitablauf. So hat es schon vor Jahrzehnten Menschen gegeben, die erwacht sind und ihre Seele entdeckt haben und dieser Prozess läuft auch jetzt noch. Was wir damit sagen möchten ist: Wir machen ungern Zeitangaben, da der zeitliche Ablauf immer wieder aktualisiert und von den Menschen auf der Erde bestimmt wird. Aus diesem Grund könnte es früher, aber auch später ablaufen. Das ist wiederum abhängig vom kollektiven Erwachen eines Landes! Jedes Land signalisiert ins Energiefeld, wann die Bevölkerung so weit ist.

Durch diesen Wandel müsst ihr jetzt durch!
Wichtig ist, dass ihr euch persönlich positiv ausrichtet, immer wieder den Frieden in euch selbst erschafft und der eigenen Intuition folgt.
Jeder von euch hat eine innere Stimme, die euch liebevoll und wohlgesonnen begleitet. Mit dieser Stimme könnt ihr kommunizieren. Sie hilft euch bei allen Angelegenheiten.
Voraussetzung, um diese Stimme zu hören, ist es, dass ihr euch in einen harmonischen, liebevollen Zustand versetzen könnt. Übt das täglich! Bis ihr es im Schlaf beherrscht und auf Knopfdruck erschaffen könnt. Euer Körper ist ein göttlich ausgestattetes Instrument, auf dem ihr spielen könnt wie auf einem Piano.

Immer, wenn eure Augen vor Glück strahlen, produziert euer Gehirn – es ist im Übrigen wie ein Mischpult – Glückshormone. Diese werden in euren Körper ausgeschüttet und verursachen inneren Frieden, einen guten Kontakt zur inneren Stimme, Zufriedenheit, Gesundheit und viele positive Emotionen. Tut es! Die männliche Energie brennt darauf zu recherchieren, Unstimmigkeiten ans Licht zu zerren, Eingriffe in Menschenrechte zu publizieren, Skandale aufzudecken und sich für Frieden, Gerechtigkeit und Wahrheit einzusetzen.

Lebensziele und auftretende Ängste

Konfuzius
Meine Lieben, manch einer von euch wünscht sich, nicht mehr in irgendwelchen öffentlichen Jobs zu stecken.
Manch einer wünscht sich, dass er das umsetzen könnte, was in seinem eigenen Inneren spürbar ist. Ihr spürt, ihr seid Lichtarbeiter, ihr seid anders, ihr habt nicht das Bedürfnis, euch in eine Schublade zu pressen und angepasst zu leben, euch vorschreiben zu lassen, was ihr denken sollt und was die richtige, öffentlich anerkannte Antwort ist, obwohl sie mit eurem inneren Update nicht passt. Ihr seid nicht geschaffen für ein Roboterdasein!

Wenn ihr den Wunsch habt, euer Leben zu verändern, und ihr spürt in eurem Inneren Neigungen, die euch in eine bestimmte Richtung drängen, dann nehmt das an! Es sind Zeichen eurer Seele, und vielleicht ist genau das eure Zukunft.

Nun ist es so, manchmal seid ihr von irgendwelchen Ängsten beseelt. Ihr habt eine natürliche Angst vor Veränderung. Vor Veränderung eurer Welt, vor Veränderung eures Lebens oder vor eurer eigenen, göttlichen Größe. Wenn ihr etwas Neues verwirklichen möchtet, könntet ihr plötzlich wahrnehmen, dass in euch Ängste auftauchen. Und dabei ist es nicht immer hilfreich in die Vergangenheit zu schauen, so nach dem Motto: Wo kommt diese Angst her? Gibt es da ein Erlebnis in meiner Vergangenheit, bei dem ich mich ähnlich gefühlt habe?
Aus unserer Sicht solltet ihr euch fragen:
Vor welcher ganz konkreten Erfahrung in meiner Zukunft, bei meiner neuen Tätigkeit, habe ich Angst? Auf was bezieht sich meine Angst in der neuen Situation? Was könnte geschehen?

Kreieren wir ein Beispiel:
Angenommen du bist Freizeit-Sängerin, spielst Gitarre und verfügst über eine angenehme Singstimme. Ab und zu komponierst du mal ein neues Lied, das du dann auch mal Freunden oder Familienangehörigen vorsingst. Du arbeitest im Kindergarten und wenn du mit den Kindern singst, kannst du auch ein wenig dein Talent einbringen. Neulich ist es dir gelungen einen richtig tollen Song mit einem großartigen Text zu schreiben. Er hat Hit-Potenzial. Dein Herzenswunsch ist es hauptberuflich zu singen. Du nimmst ihn auf, setzt ihn ins Internet und er erntet innerhalb kurzer Zeit viel Anerkennung. Du hast den innigen Wunsch aufzutreten, Konzerte zu geben und weitere Songs zu schreiben. Und plötzlich kommt die Angst. Du spürst, dein Leben könnte sich jetzt anfangen zu verändern und dann ist da diese blöde Angst, die dich lähmt.

Suche dir einen Therapeuten, der lösungsorientiert arbeitet und komme dir selbst auf die Schliche, vor welcher konkreten Situation du Angst hast! Angenommen du findest heraus, dass du Angst vor Kritik hast. Da könnte irgendjemand kommen, der sagt oder gar in der Zeitung schreibt: „Singen kann sie nicht und die Liedchen sind fad. Die hat keine Zukunft!" All das ist nur eine Vorstellung in deinem Kopf und dann geht es um die Frage: Hat diese Vorstellung die Macht, dass du dich zurücknimmst und dich in deine Chancenlosigkeit ergibst und deine Zukunft im Kindergarten fristest oder gibt es auch die Löwin in dir, die sagt: „Ich möchte Sängerin werden! Auch dann, wenn ich es nicht allen Menschen recht machen kann!"

Viele von euch haben Angst vor ihrer eigenen Größe. Sie haben Angst vor der Veränderung des bisher bekannten Lebens. Wenn ihr spürt, ihr möchtet euch gerne selbständig machen, ihr habt eine Ausbildung genossen, ihr könnt irgendetwas besonders gut und das ist eigentlich jetzt dran. Aber in euch sind diese Ängste, die ihr nicht so richtig zuordnen könnt. Dann fragt euch, vor was im Hier und Jetzt habe ich Angst? Gibt es da etwas, wovor ich mich fürchte, dass es passieren könnte?

Dann schaut euch das ganz konkret an! Überlegt euch, was für euch persönlich stimmig ist! Möchtet ihr in der Situation verbleiben, in der ihr gegenwärtig seid, mit all den bekannten Umständen, euer Potenzial in eine Schublade sperren und die Löwen-Energie betäuben? Oder spürt ihr die Kraft der Veränderung in euch? Ihr entscheidet, ob es ein Traum bleibt oder dieser Wunsch euer Leben verändert!

Ihr alle seid auf die Erde gekommen, um eine Aufgabe zu

erfüllen, die euch nährt und begeistert! Besinnt euch auf euer Potenzial und folgt eurem Herzen! Gestaltet euer Leben um, wenn ihr dazu bereit seid! Ihr werdet so viel Energie und himmlische Unterstützung finden, dass es eine Freude ist, euren Traum Wirklichkeit werden zu lassen!

Es sind die Phantasten, die die Welt verändern

Konfuzius
Geliebte Schülerinnen und Schüler des Lichtes, das ist Meister Konfuzius. Wir begrüßen euch ganz herzlich.
Meine Lieben, ihr befindet euch auf einer irdischen Realität, auf der dringend Veränderungen anstehen. Eure Gesellschaft, die Finanzen, die Medizin, die Umwelt, die Politik schreien nach Transformation. Die Zeiten, in denen der Markt sich selbst geregelt hat und die Zeiten der Alternativlosigkeit gehen unweigerlich zu Ende und kommen nie wieder!
Das bedeutet, ihr geht durch eine Phase, die möglicherweise einigen als chaotisch und rabenschwarz erscheint, weil nichts mehr sicher ist. Andere sehen die gesellschaftlichen Chancen, die es ermöglichen etwas aufzubauen, das als das Goldene Zeitalter betitelt wurde. Eine Gesellschaft, in der Gleichberechtigung, Wohlstand für alle, persönliche Freiheit, Frieden und ein achtsamer Umgang mit der Natur und der Umwelt herrschen.
Nun ist es so: Ihr gleitet nicht vollautomatisch in das Goldene Zeitalter hinein. Ihr, die anwesenden Akteure, erschafft diese neue Realität oder bleibt passiv und werdet von fremden Interessen gesteuert. Es stehen

euch also zwei Wege offen:
Der Weg der aktiven Reformation eurer Gesellschaftsstrukturen und damit der Umsetzung dessen, was ihr von Herzen fühlt oder der ängstliche Weg der Anpassung, Unterordnung, Entmündigung und voranschreitenden Sklaverei. Für welchen Weg werdet ihr euch entscheiden?

Diese Entscheidung fällt jede anwesende Seele in ihrem Inneren. Bejaht ihr diese Veränderung? Bemüht ihr euch positiv zu denken? Seid ihr empfänglich für neue Ideen? Oder lasst ihr euch über den Tisch ziehen und schweigt dazu?

Alte und reife Seelen werden gerade geflutet mit den Gegebenheiten des Goldenen Zeitalters. Seid ihr in der Lage euch eine Welt vorzustellen, in der jeder Mensch versorgt ist? Jeder Mensch, der hier anwesend ist, hat das Recht auf freie Unterkunft, kostenlose Energie, sauberes Wasser, gesunde Nahrung, Kleidung, kostenlose Bildung, Zugang zur Medizin seiner Wahl, freie Selbstentfaltung und auf die Verwirklichung seiner höchstpersönlichen Interessen. Das ist normal!
Auf der Erde hat es schon immer Menschen gegeben, die unbeirrt ihren inneren Bildern und Ideen gefolgt sind. Sie waren Künstler, Musiker, Erfinder, Wissenschaftler, Baumeister und vieles mehr. Wenn ihr aus eurer Gegenwart in die Vergangenheit schaut, findet ihr viele berühmte Menschen ... Leonardo da Vinci, Nicola Tesla, Michelangelo, Mozart, Beethoven, Gaudi, Hundertwasser und unzählige weitere. Und vielleicht glaubt ihr heute ein Ludwig van Beethoven war genial und hat wahrscheinlich niemals an sich selbst gezweifelt. Aber das ist nicht so! Viele Künstler, die heute als berühmt gelten, haben sich

zu ihren Lebzeiten selbst als mäßig talentiert betrachtet. Auch sie kannten Phasen der Verzweiflung und Rückschläge. Wenn zum dreißigsten Mal die neue Erfindung auseinanderfiel, wenn der Herr Graf bei der Uraufführung der neuen Oper gähnte und sich mit seiner Begleitung unterhielt, wenn das neue Gebäude von der Presse zerrissen wurde, dann waren sie verzweifelt und kannten die gesamte Gefühlspalette von himmelhoch jauchzend bis zu Tode betrübt.
Welche Energie hat sie dennoch an ihr Projekt glauben lassen? Was hat sie erfüllt? Sie waren begeisterungsfähig, hatten Vorstellungskraft, sie waren Visionäre. Und die „Löwenenergie" hat sie an ihrem Weg festhalten lassen.
Wisst ihr, wie Steven Spielberg Regisseur geworden ist? Er hat im Auto übernachtet und sich wochenlang bei den Filmstudios herumgetrieben. Wenn man ihn an der Vordertür abgewiesen hat, ist er zur Hintertür wieder hineingekommen. Er hat so lange genervt, bis einer gesagt hat: „Okay, du kannst die Kabelrollen tragen." Dann hat er bei den Filmaufnahmen seine Meinung gesagt, seine Ideen eingebracht und wurde Regieassistent – den Rest kennt ihr.

Jetzt könntet ihr euch fragen, warum erzählen wir euch das alles? Was hat das mit euch und den anstehenden Veränderungen auf der Erde zu tun? Die breite Masse der Bevölkerung auf der Erde ist in eine Schubladenentwicklung hineingepresst worden, bestehend aus Schule, Ausbildung und Arbeitspflicht. Jede Menge Pflichten – wenig Müßiggang, Inspiration und Zeit für eigene Interessen.
Frühestens ab 60+ Jahre, wenn ihr euren Ruhestand erreicht habt, beginnt ihr über eure Freizeit und was ihr

damit anfangen könntet nachzudenken. Und das ist sehr traurig und darf sich verändern!
Angenommen eure Wohnung und sämtliche Energiekosten wären frei, es gäbe keine Arbeitspflicht. Ihr könntet eure Freizeit so gestalten, wie es euch beliebt! Was würdet ihr tun? Welche Visionen habt ihr?

Die Welt wurde noch nie von Erbsenzählern, Robotern und Alternativlosen verändert! Es waren schon immer die Phantasten, die Verrückten, die Beseelten und Visionäre, die Spuren hinterlassen und Reformen angestoßen haben! Es waren die, die unbeirrt und mit Gottvertrauen ihren Weg beschritten haben!
Jeder Mensch hat eine Seele und diese Seele weiß, wie ihr euch einbringen könnt. Es gibt in euch einen Plan, der euch nicht nur unversehrt durch die Phase der Veränderung geleitet, sondern darüber hinaus eure Fähigkeiten und Visionen zum Vorschein bringt. Glaubt an euch und eure verrückten Ideen! Sie sind die Grundlage der Veränderung!

Die Magie des Glücklichseins

Konfuzius
Seid gesegnet, seid in der Liebe, das ist Konfuzius. Viele Menschen jagen dem Glück nach! Sie bilden sich ein, wenn sie einen bestimmten Partner gefunden haben oder ein Kind hätten, dann wären sie glücklich. Oder sie glauben, sobald sie in ihrer beruflichen Karriere eine angestrebte Position erreicht haben, dann sind sie glücklich. Wenn ihr Bankkonto erst einmal sechsstellig ist,

dann sind sie bereit das Leben zu genießen. Andere denken, wenn sie ein bestimmtes Haus, ein tolles Auto, das ihnen vorschwebt, erworben haben, dann zieht das Glück in ihr Leben ein.
Darüber hinaus gibt es noch das Pseudo-Glück, bei dem ihr euch freut, wenn eure Lieblingsmannschaft einen Sieg erringt. Und möglicherweise erlebt ihr in diesem Moment einen kurzen Hauch von Glücksgefühl.
Aber wisset, immer wenn ihr denkt, dass ihr irgendetwas Bestimmtes erreichen müsstet, um glücklich zu sein, dann wird euch das Glück stets um zwei Schritte voraus sein! Und ihr jagt ihm nach, ohne die Chance zu haben, es einzuholen!

Aber ihr könntet auch in euch beschließen: Ich möchte jetzt in diesem Augenblick glücklich sein – glücklich, gesund und zufrieden mit allem, was ist! Einfach so, grundlos! Und um dieses Glück zu erschaffen, bedarf es nur eures Willens!
Wenn ihr in euch den Willen erschafft: Ich möchte jetzt, in diesem Moment, glücklich sein, dann ist euer Wille der Teil, der das Tor öffnet!
Ihr könntet dabei folgendermaßen vorgehen:
Nehmt euch am Morgen, wenn ihr den Tag beginnt, einen Moment Zeit: Idealerweise bevor euer Ego-Sorgenprogramm startet oder eure Erledigungsliste Stresshormone erzeugt! Nehmt euch einen Moment Zeit und konzentriert euch in eurem Inneren nur auf das Glücklichsein in diesem Augenblick!
Wenn euch das schwerfällt, dann erinnert euch an Momente der Vergangenheit, in denen ihr Glück erfahren habt, und beschreibt euch innerlich mit Worten diesen Zustand und dann konzentriert euch auf diese Energie. Wie fühlt sich Glücklichsein für euch an? Tanzt ihr?

Strahlen eure Augen? Singt und trällert ihr? Lacht ihr? Spürt diese Energie in eurem Körper! Seid gnadenlos und bedingungslos glücklich und versucht diese Energie in euch zu halten. Sie birgt ein gewaltiges Selbstheilungspotenzial, macht euch magisch und kann Berge versetzen und euer Leben auf eine Art und Weise verändern, die ungeheuerlich ist.

Wenn ihr das anwendet, dann werdet ihr möglicherweise beim ersten Mal nur eine Stunde lang glücklich sein. Aber wenn ihr es immer wieder in euch erschafft, dann wird dieser Zustand länger anhalten. Und ihr werdet bemerken, dass ihr in Entscheidungssituationen oder bei Diskussionen mehr in eurer Mitte seid. Dass es euch leichter fällt, die richtigen Worte zu finden, präsent zu sein, Geduld zu haben, und ihr von einer Energie erfüllt seid, die Weisheit und Seelenpotenzial in sich trägt.

Ihr seid göttliche Wesen, die sich zurzeit in einer irdischen Realität tummeln, und ihr seid sehr viel mehr als euer Ego. Ihr verfügt über Magie und schöpferisches Potenzial – das bedeutet, ihr erschafft mit euren Gefühlen und Gedanken eure persönlichen Lebensumstände.

Wenn ihr von Stress und Sorgen erfüllt seid, geht euer schöpferisches Potenzial auf null. Das ist ein innerer Selbstschutz. Wenn ihr auf der anderen Seite mit Glück, Zufriedenheit, Harmonie, Lebensfreude und Begeisterung erfüllt seid, werdet ihr magisch und versprüht eure Ziele und Wünsche ins Universum.

Deshalb legen wir euch ans Herz: Trainiert euch im Glücklichsein! Der Zustand des Glücks wird euch immer länger begleiten!

Und irgendwann, wenn ihr genügend trainiert seid, dann wird dieses Glücksgefühl euch ständig begleiten und sozusagen zur zweiten Haut! Ein natürlicher Zustand,

den ihr immer mit euch herumtragt! Und dann müsst ihr nicht mehr dem Glück nachjagen, weil ihr es eingeholt habt!
Ihr werdet dann diesen Zustand in euch halten, unabhängig von äußeren Umständen, ob euer Bankkonto gerade überzogen ist, ob ihr wirklich den idealen Job habt oder auch nicht – der Zustand bleibt!
Ihr steckt dann voller Magie und dieser innere Zustand macht etwas mit euch. Ihr bekommt einen anderen Blickwinkel aufs Leben. Da wo früher Probleme waren, sind jetzt lösbare Herausforderungen. Objekte, die ihr glaubtet, besitzen zu müssen, um glücklich zu sein, haben jetzt eine Chance zu euch zu kommen. Und möglicherweise kommen sie in einer Art und Weise und Form, die ihr euch vorher in euren kühnsten Träumen nicht auszumalen vermochtet!
Beachtet bitte die Reihenfolge und erschafft in euch als Erstes Glück! Dann ergeben sich die Ziele, die ihr gern anstreben würdet, sehr viel leichter und vollautomatisch!
Das war Meister Konfuzius.

Euer Geldsystem ist wie Monopoly

Jesus Sananda
Geliebte Schülerinnen und Schüler des Lichtes, das ist Jesus Sananda. Das Licht der göttlichen Quelle sei mit euch!
Nun meine Lieben, jetzt steckt ihr in einem physischen Körper und seid auf der irdischen Ebene mitten im intensivsten Wandlungsprozess. Alte Prophezeiungen, aufgestiegene Meister und Erzengel haben euch vom

bevorstehenden Goldenen Zeitalter berichtet und euch stattdessen auf einem Abstellgleis stehengelassen. So fühlt ihr euch manchmal! Stimmt es? Ja, so ist sie, die Materie! Immer schön langsam.
Wir würden euch gern erklären, wo die Stagnation herkommt: Es ist eure Angst vor Veränderung!
Ältere Menschen senden aus: Wir möchten keine Unsicherheit und es soll bitte alles so bleiben, wie es ist! Jüngere Menschen senden aus: Macht euch keine Hoffnung, dass wir in euer bescheuertes Leben einsteigen und es fortsetzen!
Das sind die zwei Richtungen, die da gegeneinander laufen und sich gegenseitig ausbremsen.
Fragt euch doch einmal ganz ehrlich: Habt ihr gelegentlich Zukunftsängste? Welche Albträume plagen euch? Welche ungeliebten Visionen überrollen euch?
Ihr alle wart viele Male auf der Erde inkarniert. Und ihr wisst auf Seelenebene, was das heißt: Gaya, das ist der Planet mit den Wucherern und Hütchenspielern im Tempel! Das ist der Planet mit dem Finanzsystem, was im Schnitt alle 30 Jahre gegen die Wand fährt. Denn ein dauerhaftes, fließendes Geldsystem habt ihr ja noch nicht zustande gebracht! Es ist fürwahr eine besondere Leistung der Ignoranz, wenn ihr über Jahrhunderte am Zinssystem festhaltet.
Derzeit seid ihr in einer besonderen Situation:
Angenommen ihr hättet mit der Familie Monopoly gespielt am Sonntagnachmittag. Nach vier Stunden stand fest:
Die Schlossallee hat mal wieder einen Sieg davongetragen, sie hat die größten und teuersten Hotels, alle anderen Spieler sind zahlungsunfähig. Aber der Sieger möchte nicht aufhören zu spielen. Er ruft euch zu: „Nein, nicht aufhören, ich gebe euch Kredit, ich möchte weiterspielen!“

Ihr lauft weiter im Kreis und könnt den Kredit nicht zahlen, dann nimmt er euch das Häuschen auf der Badstraße. Wieder möchtet ihr aufhören, weil das Spiel auch überhaupt keinen Spaß mehr macht. Aber der Sieger erklärt: „Du kannst nicht aufhören, du musst schließlich den Kredit bei mir abzahlen, gib mir deine Sicherheiten, dann darfst du weiter für mich arbeiten und natürlich weiterspielen." Die anderen Spieler drehen mit wenig Begeisterung ihre Runden, egal was sie würfeln, das Spiel bedient nur noch einen Spieler. Auf diese Art und Weise spielt ihr seit Jahrhunderten! Wie sehr doch dieses Spiel den Zuständen auf der Erde gleicht!

Die Bevölkerung spürt: Es ist etwas aus dem Gleichgewicht, es hat sich etwas verschoben. Aber viele sagen: „Ich will es gar nicht so genau wissen! Augen zu und durch!" Ungewissheit und eine diffuse Bedrohung liegen über der Erde. So ist die Wahrnehmung der breiten Masse!
Da kommen welche, die sagen euch: „Schuld daran sind die Außerirdischen!" Dann habt ihr wirklich schlechte Karten, denn die könnt ihr nicht einmal festsetzen und zur Rechenschaft ziehen. Dann gibt es welche, die erzählen euch: „An diesem ganzen Dilemma sind nur die Flüchtlinge schuld!" Nein, ihr wart schon vor den Flüchtlingen pleite!
Euer Finanzsystem hat einen eingebauten Fehler. Ihr glaubt, es würde wachsen und mehr werden. Aus diesem Grund gibt es auf der Erde Zinsen.

In eurem Inkarnationszyklus seid ihr mit finanziellen Zusammenbrüchen konfrontiert worden. In eurem Zellbewusstsein sind Erinnerungen an den schwarzen Freitag abgespeichert, Erinnerungen an Geldentwertung,

Inflation und Menschenschlangen vor geschlossenen Banken. Auf der Traumebene arbeitet ihr gerade an den Ängsten eurer Vergangenheit, die euch heute noch gefangen halten.
Das alte zinsbelastete Geldsystem muss zusammenbrechen! Auch wenn ihr davor Angst habt, ist es letztendlich ein Segen für alle! Denn es dient nur sehr wenigen Menschen!

Wirtschaftslage und Zinsen

Kuthumi
Gut, kommen wir zum Thema Wirtschaftslage und Zinsen: Meine Lieben, was wir wahrnehmen, ist, dass immer mehr kleine, private Unternehmen übernommen werden oder an den Rand gedrängt von sehr großen Konzernen, die häufig über mehrere Länder verstreut sind. Diese großen Konzerne breiten sich immer weiter aus und drängen auch viele kleine Geschäfte in den Ruin, so dass sie nicht mehr bestehen können.

Auf der anderen Seite ist es so, dass ihr mit eurem Kaufverhalten sehr wohl einen Einfluss darauf habt. Zum Beispiel, könnt ihr euch noch erinnern, falls ihr in den 1960er, 70er oder 80er Jahren aufgewachsen seid, da gab es in den meisten Orten einen Bücherladen, einen Papierwarenladen, einen Bäcker, ein Lebensmittelgeschäft, einen Gemüse- oder Fischhändler und ein Haushaltsgeschäft. Das waren kleine private Geschäfte, deren Besitzer mit viel Herzblut ihre Kunden versorgten. Viele dieser Geschäfte wurden übernommen von Großmärkten und Ladenketten. Letztendlich gehören sie derselben Aktiengesellschaft, deren Marken ihr in jedem Geschäft begegnet, die in den Händen von drei bis vier Familien sind.

Meine Lieben, es ist seit langer Zeit eine Umstrukturierung im Gange und diese hat auch zur Folge, dass bestimmte große Unternehmen immer mehr Geld verdienen und sich immer mehr ausdehnen, und damit sehr viel Geld in eine bestimmte Richtung fließt. Auf der anderen Seite gibt es Menschen, die vielleicht nicht studiert haben, die eine normale Arbeitsstelle in einem Geschäft haben oder im Dienstleistungsbereich arbeiten. Die sind jetzt zum Teil unter einem sehr großen Druck, weil die übermächtige Konkurrenz es ihnen sehr schwer macht und die Löhne drückt. Gleichzeitig steigen die Mieten, die Energiekosten und beinah alle Verkaufsgüter. Damit sinkt der Lebensstandard und manche haben zwei oder gar drei Jobs, um finanziell klarzukommen. Ihr seht die Rentner in Deutschland, die im Abfall nach Pfandflaschen wühlen.
Die Versorgung der alten und jungen Generation ist ein Aushängeschild für die Qualität eurer Politik! Und diese ist unterirdisch – vor allem in Deutschland!

Meine Lieben, mit „schuld“ daran ist euer Finanzsystem. Ihr habt ein Finanzsystem auf der Erde, welches mit Zinsen und Zinseszins arbeitet. Und dieses System hat einen gewaltigen Denkfehler eingebaut. Geld vermehrt sich nicht! Wenn ihr einen Geldschein nehmt und ihn in die Erde pflanzt, dann findet ihr nicht in einem Jahr 10 oder 20 Stück davon. Wenn ihr Glück habt, dann ist der eine Schein noch da. Aber vermehrt hat er sich mit Sicherheit nicht!

Das, was ihr als Vermehrung vorgegaukelt bekommt, sind die Verluste von anderen. Dieses System ist sehr grausam, und für gewöhnlich ist es so, dass eure Banken etwa 30 Jahre nach einem Neustart die ersten Zahlungsschwierigkeiten bekommen.

Ihr dürft euch das so vorstellen:
Nehmen wir jetzt zum Beispiel Deutschland. Nach dem Zweiten Weltkrieg wurde 1948 mit einer neuen Währung gestartet. Da gab es viele Menschen, die so gut wie kein Geld mehr besaßen, dafür jede Menge kaputte Häuser und Städte und somit einen großen Bedarf an Krediten. Es war jede Menge Arbeit vorhanden. Auf der anderen Seite gab es einige wenige, die gut an der Waffenproduktion verdient hatten und Besitztümer angehäuft hatten. Diese wenigen konnten es sich leisten ihr Geld anzulegen.

Angenommen, da gab es einen Unternehmer, der gut am Krieg verdient hatte und er legte 5 Millionen auf sein Bankkonto zu einem Zinssatz von 5 Prozent. Er sagte der Bank: „Ich brauche das Geld jetzt nicht, aber ich möchte im Alter gut versorgt sein." Nach 14 Jahren waren aus den 5 Millionen 10 Millionen geworden, nach 28 Jahren waren es 20 Millionen, nach 42 Jahren 40 Millionen und irgendwann bekommt die Bank Zahlungsschwierigkeiten.

Die ursprüngliche Einzahlung war 5 Millionen. Solange viele Kredite laufen, viele Menschen Geld leihen und Kredite aufnehmen, kann die Bank diese Zinsen gutschreiben, aber irgendwann kippt das Ganze. Der Sparer bekommt zwar seine Gutschrift auf dem Konto, aber die Bank hat einen unheimlichen Druck, Geld zu

machen, an der Börse zu zocken, wilde Geschäfte zu machen, Kunden zu Krediten zu überreden, damit sie mehr Geld bekommen. Das ist eine der Hauptursachen, die auf eurem Planten nicht stimmt! Die ursprüngliche Golddeckung wurde abgeschafft, und ihr bezahlt euch gegenseitig mit wertlosem, bedrucktem Papier. Heute liegt die Wertdeckung des Geldes bei der Bank bei unter einem Prozent von 100. Das heißt vom Buchgeld der Bank existiert nur ein Prozent Einlagensicherung. Es funktioniert so lange, wie die Bevölkerung an den Wert des bedruckten Papiers glaubt. Und diese Zeit ist abgelaufen!
Immer, wenn in der Vergangenheit die Banken aufgrund der Zinsen bankrottgingen, gab es zeitgleich einen großen Kriegsschauplatz. Die letzten zwei Weltkriege sind davon ausgelöst worden. Damit hat man Zerstörung geschaffen und Bedarf nach neuen Krediten. Nutznießer waren die Besitzer der Bank!
Diesmal wird es anders sein! Weil die Bevölkerung die Hintergründe und Zusammenhänge erkennt und sich letztlich nicht mehr benutzen lässt. Es gibt einen göttlichen Plan, der die Drahtzieher dieses Spiels entlarvt.

Ihr seid jetzt in einer Zeit, die sehr hoch schwingend ist, und es haben sich verschiedene Veränderungen ergeben: Einige Länder haben die Machtverhältnisse und das korrupte System, was aus dem Hintergrund die Fäden zieht und immer wieder dieselben Szenarien durchspielt, erkannt und sich zusammengetan und die BRICS-Staaten gegründet, das waren 2001: China, Indien, Russland, Brasilien und Südafrika. Mittlerweile haben sie eine goldgedeckte Währung, pflegen untereinander fairen Handel, und der Zulauf in diesen

Staatenbund ist gewaltig. Alle vom Westen sanktionsgeplagten Länder sind mittlerweile dem BRICS-Verbund beigetreten, und der Ansturm ist gewaltig.
Die Länder, die der NATO angehören, versuchen noch ihr eigenes Spiel der Umwälzung, des Great Reset, durchzuführen, aber es wird nicht gelingen.
Da gibt es Länder, die vor dem Zusammenbruch stehen und in denen die Bevölkerung in einer Zwangslage ist. Die Banken und das Sozialsystem sind fast vollkommen zusammengebrochen. Die Not schweißt die Menschen zusammen und fördert den Widerstand und die gegenseitige Hilfe.

Bis vor wenigen Jahren war es im Westen üblich, dass auf eine ausgeschriebene Arbeitsstelle viele Bewerbungen eingingen. Aber dieser Wind hat sich seit der Impfung gedreht. Fast alle Unternehmen klagen über einen hohen Krankenstand und ausgestiegene Mitarbeiter, die nicht ersetzt werden konnten. Früher konnten sie den Lohn durch das Überangebot deckeln, aber heute gibt es viele Firmen, die händeringend neue Mitarbeiter suchen. Dazu kommen gestiegene Energiekosten und mancher Firmenchef fragt sich, wie es mit seinem Unternehmen weitergehen soll? Eure Arbeitswelt geht durch unsichere Zeiten und steht vor einem intensiven Wandel. Große Konzerne wandern ab oder verlagern Bereiche in Tochterunternehmen ins Ausland.

In der Zukunft besteht ein Bedarf an langlebigen Produkten und Mitarbeitern, die auf Augenhöhe behandelt, in Firmenbelange mit einbezogen und angemessen entlohnt werden. Offenheit und ein herzliches Miteinander sind wichtig. Wer seine Arbeiter und Angestellten menschlich und würdevoll behandelt, kann auch mit Entgegenkommen in schwierigen Zeiten rechnen.

Politiker sollten gewählte Vertreter der Interessen des Volkes sein! Sie haben die Aufgabe allen ihren Bürgern zu dienen, ein Gleichgewicht zu halten zwischen den Schichten der Bevölkerung und für Gerechtigkeit und Fairness zu sorgen. Des Weiteren vertreten sie euer Land mit Diplomatie und Friedenswillen auf internationalem Parkett. Das erreichen sie durch gegenseitige Achtung, absolute Ehrlichkeit und durch den Willen, die beste Lösung für die Erde, die Menschheit und das Leben aller auf diesem Planeten zu finden.
Die neue Energie zeigt euch mit gnadenloser Deutlichkeit die Mängel im alten System auf.
Erinnert euch an eure göttliche Größe! Ihr seid Lichtwesen, die der Erde einen Besuch abstatten, um sie auf Kurs zu bringen. Und dieser Kurs empfängt eine Symphonie der Liebe, des gegenseitigen Respekts, der Freiheit, des Friedens, der Bewusstheit, der Lebensfreude und des Wohlstandes für alle! Pflegt diese Energien in euch und alles wird leichter! Der Segen der göttlichen Quelle sei mit euch! Das war Kuthumi.

Zwei Systeme

Jesus Sananda
Geliebte Seelen auf der Erde, das ist Jesus Sananda. Was ist der Unterschied zwischen dem Leben auf einem Planeten mit kostenfreien, bedingungslosen Grundbedürfnissen für alle und einem Planeten mit einem

angeblich wachsenden Finanzsystem mit wenigen Profiteuren?
Auf dem einen Planeten sind die Menschen frei in der Gestaltung ihres Lebens, weil ihre Versorgung gesichert ist. Es gibt kein Pflichtprogramm, was erfüllt werden muss, um das eigene Überleben zu sichern. Wecker sind weitestgehend unbekannt. Nun, sagen wir, sie werden wenig benutzt!
Auf dem anderen Planeten herrschen sklavenähnliche Zustände, die als Lohnarbeit bezeichnet werden. Dort herrscht eine schubladenhafte Entwicklung, die letztendlich verbildete Menschen in das Sklaverei-System integriert, dem sie bis ins hohe Alter dienen sollen.
Die Menschen auf dem einen Planeten sind glücklich, zufrieden, lachen viel, haben eine stabile Gesundheit, viel Kreativität, haben jede Menge Zeit für Sex und Reisen und pflegen einen spielerischen, erkundungsfreudigen Umgang mit allen Dingen, für die sie sich gerade begeistern. Dabei entstehen spontane Erfindungen und Ideen für zahlreiche Gemeinschaftsprojekte, die von denen, die sich davon angezogen fühlen, mit Hingabe verwirklicht werden.
Das eine Leben ist interessant, vielseitig, tief beglückend und freudvoll, das andere monoton, frustrierend und fremdbestimmt. Während die einen wie gehetzte Roboter erscheinen, die ständig Sachen erfüllen, von denen sie nicht im Mindesten überzeugt sind, strahlen die anderen Zufriedenheit und Glück aus.
Auf dem einen Planeten herrschen Frieden, ein großer Gemeinschaftssinn, gegenseitige Hilfe, eine ausgeprägte Schenk-Kultur mit viel Spontanität, Gesundheit, Freiheit, Kreativität und ein gleichberechtigtes, humorvolles Miteinander. Wenn dort eine Person oder eine kleine Gruppe eine neue Erfindung gemacht oder einfach einen

leckeren Kuchen gebacken hat, dann gehen sie damit zum Gemeinschaftshaus. Im Gemeinschaftshaus treffen sich alle Ortsansässigen oder Gäste. Dahin kommen auch Reisende, die ein Quartier suchen und es kommt zu spontanen Vorträgen und Einladungen.

Auf dem anderen Planeten herrschen Leistungsbesessenheit, Konkurrenzkampf, Habgier, Kriminalität, Verbitterung, Unzufriedenheit, Bevormundung, Krankheit, ein korruptes Gesundheitssystem, Gängelei und Entmündigung der Bevölkerung. Jeder Sklave hat eine Erledigungsliste und ein breit angelegtes Pflichtprogramm, was er unbeirrt erfüllt. Es werden ständig vollkommen irrsinnige Studien erstellt, mit denen Kräfte aus dem Hintergrund, die bei deren Planung diabolisch lachen, die Bevölkerung in Angst und Schrecken versetzen. Es kommt immer wieder zu Krieg, der mit geschürtem Neid, inszenierten Regierungsstürzen und einer korrupten Weltpolizei umgesetzt wird. Sie tun alles, was die Herren der Welt in ihrer Machtbesessenheit und Kontrollsucht beschlossen haben.

Und jetzt kommt die alles entscheidende Frage: Auf welchem Planeten würdet ihr lieber leben?
Jedes System – so festgefahren es auch erscheint – ist veränderbar! Das Leben selbst ist Veränderung!
Falls ihr also den Wunsch hegt, auf einem Planeten zu leben, auf dem die Versorgung jedes Menschen selbstverständlich ist und eine hohe Freiheit und Selbstbestimmung vorhanden sind, wo Frieden und Gleichberechtigung herrschen, dann solltet ihr euch dieses Leben ausmalen, planen und einfordern!
Angenommen, jeder Mensch hätte eine großzügige monatliche Summe zur Verfügung, ohne Verpflichtung zu

einer Gegenleistung. Dieses Geld ist einfach da und wird euch Monat für Monat zur Verfügung gestellt. Würdet ihr dann jeden Morgen aus dem Bett springen und an euren Arbeitsplatz eilen? Würdet ihr euer Kind in eine Kindertagesstätte abschieben, in der es möglicherweise eine Maske tragen muss, die den Atem behindert, zu Sauerstoffmangel im Blut führt und es entwicklungsmäßig weit zurückwirft? Würdet ihr eure alten Eltern in einem lieblosen Pflegeheim unterbringen, wo sie mit Medikamenten ruhiggestellt werden? Und dieses Pflegeheim ist möglicherweise an der Börse notiert, und die Aktionäre schöpfen großzügig ihre Gewinne ab und erlassen jeden Monat neue Sparmaßnahmen? Wollt ihr so leben? Würdet ihr massenweise Gebrauchsgüter produzieren, die schnell kaputt gehen und den Schrottberg vergrößern? Oder hättet ihr etwas Besseres zu tun?
Habt ihr Träume, die ihr mit einem bedingungslosen Grundeinkommen verwirklichen würdet? In welches Projekt würdet ihr eure Aufmerksamkeit und Energie stecken? Was würdet ihr verändern? Wie sähe euer Leben dann aus? Diskutiert miteinander über die Möglichkeiten, die sich dadurch ergeben würden! Bald ist es soweit!

Ihr alle träumt des Nachts – eure Seele verlässt dabei den physischen Körper und ihr trefft euch im feinstofflichen Bereich mit Gleichgesinnten, die gern etwas an der verfahrenen Situation auf der Erde verändern würden. Auf der Traumebene diskutiert ihr offen diese Themen. Aber immer mehr kommen diese Diskussionen auch auf die irdische Ebene. Sie gelangen mehr und mehr ins kollektive Bewusstsein und haben entscheidenden Einfluss auf das zukünftige Leben auf der Erde.

Trefft euch mit Herzmenschen und spürt die Kraft der Gemeinsamkeit!
Gut, meine Lieben, das ist die Sichtweise der geistigen Welt!

Auf anderen Planeten, die ein weniger perverses Geldsystem durchspielen als die Erde, sind die Versorgung und die Unterkunft der Bevölkerung etwas Selbstverständliches. Auch als die Erde besiedelt wurde, gab es keine Banken und keine Börse. Ihr habt nicht bezahlt für die Früchte des Feldes, ihr habt nicht bezahlt für die Balken eures Blockhauses oder den Fisch, den ihr geangelt habt. Ihr habt gemeinsam die notwendigen Arbeiten verrichtet, euch gegenseitig unterstützt und die Ernte gerecht verteilt.
Nun habt ihr eine moderne Gesellschaft und die Gerechtigkeit hat sich in Gier gewandelt. Ihr spürt überall, dass das Finanzsystem eurer Gesellschaft nicht dient und damit nicht zukunftsträchtig ist. Aber den meisten fehlt eine Vision, wie es besser und gerechter zugehen könnte. Mittlerweile fällt es euch schwer, euch vorzustellen, wie ein gerechtes Finanzsystem funktioniert. Und deshalb empfehlen wir euch: Diskutiert mit euren Freunden über ein bedingungsloses Grundeinkommen. Wir beobachten, dass in vielen Köpfen die Vorstellung herrscht: Ein bedingungsloses Grundeinkommen kann nicht funktionieren, also denke ich erst gar nicht darüber nach!

Wenn euer altes Geldsystem als Grundlage dient, kann es tatsächlich nicht funktionieren. Dafür müsst ihr radikal umdenken! Es geht nicht um Gewinne und Wachstum sondern um die Versorgung der Bevölkerung mit Geld – einem Tauschmittel, das jeder benutzt, aber niemand

besitzt.
Mit einem bedingungslosen Grundeinkommen oder der Bereitstellung einer kostenfreien Unterkunft mit Wasser, Strom und Heizung würde sich eure gesamte Gesellschaft reformieren und zufriedener und glücklicher werden!
Wenn euer Finanzsystem ein lebendiger Körper wäre, würde er im Koma liegen und bräuchte fortlaufende Notfallbehandlungen. Falls ihr dabei eine Parallele zur Realität erkennt, so ist diese beabsichtigt.
Wie lange wird es dauern, bis ihr auf Großzügigkeit für alle umschaltet?
Seid im Frieden, in der Leichtigkeit und in hoffnungsfrohen Plänen! Das war Jesus Sanada.

Frage:
Die meisten Politiker und Ökonomen behaupten, ein bedingungsloses Grundeinkommen würde sich nicht rechnen und könnte niemals finanziert werden. Wie funktioniert also euer Modell?

Jesus Sananda
Nach den jetzigen Bedingungen des westlichen Finanzsystems würde es nicht funktionieren! Es geht von ganz anderen, normalen Besitzverhältnissen aus! Es gibt da eine Analogie, wie es sein könnte:

Meine Lieben, ihr braucht eine Welt, die ein fließendes Geldsystem hat, was allen gehört und gleichzeitig niemandem persönlich. Geld ist ein Tauschmittel. Es wird benutzt, um einen Ausgleich zu schaffen.
Ein fließendes Geldsystem sollte so funktionieren wie in eurem Körper das Blut. Das Blut fließt überall durch eure Adern. Es versorgt das Gehirn. Es versorgt alle eure

inneren Organe. Es versorgt die Gliedmaßen, und bis in die letzten, kleinen Kapillaren wird alles durchblutet. Das Blut fließt wieder zurück, wird im Herzen angereichert und beginnt den Kreislauf von vorn. Und das ist normal.

Nach diesem Prinzip sollte euer Geldsystem auf der Erde funktionieren! Es ist ein Kreislauf, wo jeder daran beteiligt ist. Euer Körper würde nicht sagen: „Ab sofort werde ich diese blöden Nieren nicht mehr versorgen und durchbluten! Sie sind immer so widerlich mit Urin angefüllt und verarbeiten ekelhafte Sachen. Die werde ich ab sofort nicht mehr versorgen!"
Aber genauso denkt ihr mit euren Sparmaßnahmen, die um jeden Preis das alte, korrupte System erhalten sollen. Ihr bringt die Krankenhäuser und Altenheime an die Börse, überlasst alte, hilflose Menschen sich selbst und presst überall Geld heraus für die Versorgung der Aktionäre. Das ist krank! Zutiefst asozial! Und gehört dringend verändert!

Das Geldsystem soll zusammenbrechen! Schnell! Viele denken danach käme Anarchie, aber es gibt genügend Köpfe auf der Erde, die ganz genau wissen, was da falsch läuft, die ganz genau wissen, wie ein Geldsystem funktionieren kann, was so geartet ist wie euer Blutkreislauf. Darauf dürft ihr hoffen.
Im Moment sind die westlichen Banken im Besitz der Familie Rothschild. Sie kontrollieren Nordamerika, Australien und Westeuropa und das Ganze begann in Deutschland vor knapp 300 Jahren.

Die Gründung der Illuminaten

Konfuzius
Geliebte Seelen auf der Erde, ihr geht im Moment durch intensive Prozesse des Erwachens und werdet mit Ängsten und viel Unsicherheit konfrontiert und immer deutlicher von Marionetten regiert, denen gerade das Szepter aus den Händen gleitet. Wir sind gekommen, um Aufklärung und Zuversicht zu bringen. Dabei sind wir uns im Klaren, dass auch unsere Informationen für einige herausfordernd sein werden und wir hoffen, dass wir die richtigen Worte treffen. Aber wir müssen diesen Part so deutlich ansprechen, damit ihr besser die gegenwärtige Lage auf der Erde und kommende Ereignisse versteht. Über die Medien erfahrt ihr derzeit viel Desinformation und Verwirrung, so dass ihr häufig nicht mehr wisst, was ihr glauben sollt. Meidet Informationen, die euch nur herunterziehen und durcheinanderbringen oder in Angst versetzen! Haltet euer inneres Gleichgewicht, indem ihr meditiert und seid im Austausch mit Gleichgesinnten. Feiert, erfreut euch des Lebens und lacht viel. Der Zustand der Desinformation wird erst dann kippen, sobald alte Machtstrukturen überall beseitigt wurden. Diesbezüglich stehen euch Offenbarungen bevor, die alle Dimensionen sprengen, aber euch letztendlich aus der Sklaverei befreien. Seid in der Zuversicht und hoffnungsvoller Erwartung! Es geht voran mit der Befreiung der Erde!

Ihr, die Lichtarbeiter, seid einem Hilferuf des Planeten Gaia gefolgt, um die Erde zu unterstützen bei ihrer Befreiung von den dunklen Kräften. Und ihr seid so viele lichtvolle Persönlichkeiten, die unbeirrt dem Weg ihres

Herzens und ihrer inneren Stimme folgen, dass es eine Freude ist, das von außen zu beobachten. Wenn wir die Kinder dazuzählen, seid ihr fast eine Milliarde Lichtarbeiter – Tendenz steigend. Keine Macht der Welt könnte diese geballte Energie aufhalten! Schwingt hoch, indem ihr lacht und glücklich seid! Beschenkt euch gegenseitig! Bald ist es geschafft!

Um besser zu verstehen, was da gerade abläuft, möchten wir ein wenig ausholen:
Möglicherweise habt ihr euch schon darüber gewundert, wieso eure Vorfahren vor Generationen dazu in der Lage waren, klassizistische Gebäude mit großartigen Verzierungen, prachtvollem Ambiente, Säulen oder gotische Kathedralen zu errichten ... Jesus hatte euch bereits darüber berichtet, dass ihr aus einer Hochkultur kamt und sehr viel früher über Strom und Maschinen verfügtet!
Die Erde war vor 400 Jahren in einer höheren Schwingung und Entwicklung, als sie es heute ist!
Auf eurem Planeten gibt es eine kleine, machtvolle Klicke von sehr reichen Menschen, die sich seit etwa 300 Jahren mit der nicht lichtvollen Seite verbindet und immer wieder Zeremonien mit Blutopfern abhält, um von niederschwingenden Kräften persönliche Vorteile zu erhandeln. Dabei werden ganz fürchterliche Handlungen vollzogen und dieses Tun zieht auf der feinstofflichen Seite sehr bösartige Individuen an, die dann wie eine Wolke darüber hängen und damit die Erde in ihrer natürlichen Entwicklung ausbremsen. Dabei wurde euer Planet infiltriert von einer kleinen nicht lichtvollen Gruppe, die zu den Reptilien-Menschen gehören. Die meisten kennen von der Serie „Raumschiff Enterprise“ die Rasse der Klingonen – so sehen sie aus. Manch einer erinnert

sich vielleicht an Begegnungen mit ihnen im feinstofflichen Bereich. Da gibt es die, die nach ihrem physischen Ableben nicht ins Licht und ins Jenseits zurückgekehrt sind. Aufgrund ihrer Neigung und niedrigen Gesinnung fühlen sie sich von Leid, Angst und Schmerz angezogen. Sie sind manipulativ, humorlos und machtbesessen. Diese Gruppe von Außerirdischen hat keinen physischen Körper und ist nicht ins Licht – ins Jenseits – gegangen. Manchmal gelingt es ihnen, sich an die Seele eines physischen Menschen zu kleben und dieselbe Person in ihren Gedanken und Handlungen zu übernehmen. Wenn das gelingt, vollzieht sich ein Charakterwechsel zum Negativen, und sie kennen keinerlei Skrupel. Am liebsten übernehmen sie hochgestellte Personen in Machtpositionen. Die einzige Freude, die sie kennen, ist Chaos zu stiften und die größtmögliche Zerstörung anzustellen. Verzweiflung und das Leid anderer finden sie ungemein lustig – daran laben sie sich.
Vor Licht, Liebe, Leichtigkeit, Selbstbewusstheit, Kraft, Fröhlichkeit und feiernden Menschen rennen sie weg, diese Energie können sie nicht verstehen und ertragen!

Sie haben vor circa 300 Jahren begonnen, energetische Abkommen mit hochgestellten irdischen Personen in Machtpositionen zu schließen und damit den Planeten energetisch und entwicklungsmäßig umzuwandeln. Durch dieses Eingreifen bekommt eine zahlenmäßig kleine Elite außergewöhnliche Macht und sie erschafft eine Welt der Ungleichheit. Alles Herzliche, Humane, Familiäre, Soziale, Menschliche wurde unterwandert und ins Gegenteil gekehrt.
Das Märchen „Die Schneekönigin“ erzählt von der Wirkung dieser Abkommen. Kai bekam einen Eiskristall

ins Herz eingepflanzt, welcher ihn gefühllos machte. Seine Intuition und Liebe verschwanden, dafür wurde er kalt und berechnend. Genau das ist verschiedenen Politikern passiert! Sie stehen unter dem Einfluss von nicht lichtvollen Kräften.

Lasst uns am Beispiel von Mayer Amschel Bauer diese Infiltration und seine Veränderung erklären:
Im Jahre 1760 übernahm Mayer Amschel Bauer das Bankhaus seines verstorbenen Vaters. Er trat den Freimaurern bei, die friedlich ihre Zusammenkünfte pflegten. Von ihnen erhoffte er sich magische Rituale, die seine Macht erhöhen sollten. Aber die Anrufungen und Gebete der Freimaurer langweilten ihn eher. Amschel wollte mehr, er wollte Macht, Einfluss und expandierende Geschäfte! Er entdeckte schon bald, dass er mit dem Geldverleih an Königshäuser und Regierungen weitaus größere Gewinne einstreichen konnte. Er hatte den Wunsch nach grenzenloser Macht und unendlichem Reichtum und rief den Teufel um Unterstützung an. Und hier wurde er interessant für diesen speziellen, außerirdischen Einfluss. Die Reptiloiden schlossen ein Abkommen mit ihm: Blutenergie gegen Macht und persönlichen Aufstieg. Zum Zeichen seiner Neuausrichtung ließ er ein neues, rotes Schild mit einem sechszackigen-Stern an seinem Bankhaus anbringen. Er nannte sich fortan Mayer Amschel Rothschild.

1776 gründete er zusammen mit Adam Weishaupt den Orden der Illuminaten, in dem schwarze Messen mit Blutopfern gefeiert wurden. Weishaupt rekrutierte etwa 200 einflussreiche Bürger, Künstler, Wissenschaftler, Kaufleute und Geldverleiher, die alle etwas gemeinsam hatten: Skrupellosigkeit und den Wunsch nach mehr

Macht und mehr Geld!
Um in den Orden der Illuminaten aufgenommen zu werden, mussten sie eine diabolische Handlung vollbringen und ihr Leben der dunklen Seite widmen. Die Mitglieder des neuen Ordens bestachen fortan Männer in hohen Positionen mit Sex und erpressten dieselben im Anschluss finanziell oder über die Zuweisung gehobener Ämter. Sie breiteten ihren Einfluss im deutschsprachigen Raum aus. Danach entstand der Wunsch international tätig zu werden. Die nächste Generation sollte gezielt die Fäden ins Ausland ziehen. Sie hatten sich auf die Fahnen geschrieben in Königshäuser, Regierungen und bei einflussreichen Bürgern Agenten und Berater einzuschleusen, die wichtige Informanten wurden. Ihre Söhne gingen ins Ausland und infiltrierten die Königshäuser Europas. Diese erkannten schon bald, dass sie ihre Macht auch einsetzen konnten, um durch gezielte Fehlinformation Konflikte zu schüren. Sie stiegen in die Waffenproduktion ein, erwarben Zeitschriften oder gründeten dieselben. Ihr Einflussbereich war mittlerweile am französischen Hof angelangt und sie zogen die Fäden für eine blutige französische Revolution, an der sie atemberaubend verdienten. Wahrscheinlich waren sie von der Wirkung ihres Tuns selbst überrascht. In ihren Zusammenkünften feierten sie ihre eigene Genialität und beglückwünschten sich selbst die Schöpfer der Welt zu sein! Das war der Anfang!

Wie war die Erde vor dieser feindlichen Machtübernahme: Eine Hochzivilisation! Die freie Energie aus dem Magnetfeld der Erde wurde entdeckt und verbreitete sich gerade. Jedes größere Stadtgebäude wurde auf dem Dach mit Antennen ausgestattet, die diese Energie aus dem Äther generierten. Viele größere Städte verfügten über Magnetbahnen, die über- oder unterirdisch fuhren. Die Baukunst war tatsächlich eine Kunst. Jedes Handwerk, ob nun Holz, Metallverarbeitung, Glas, Leder oder Stoffverarbeitung wurde mit Herz betrieben. Die Menschen hatten Zeit, die sie mit Gesprächen und gegenseitigen Besuchen verbrachten. Sie waren interessiert an Neuerungen. Die Seele war für die meisten eine anerkannte Tatsache. Die Naturheilkunde war sehr weit entwickelt und konnte nebenwirkungsfrei fast alles behandeln. Bücher wurden in einem neuen Verfahren in Serie gedruckt. Heilbäder waren schwer in Mode. Es war eine Welt, die nicht perfekt, aber auf einem guten, lebensbejahenden Weg war. Was gab es nicht: Offiziell gab es keine Zinsen, sehr wenig Leistungs- und Zeitdruck und natürlich technische Erfindungen der Neuzeit, wie Computer fehlten auch. Aber die Menschen waren weitaus zufriedener und freier, als sie es heute sind.

Kommen wir zurück in die Gegenwart:
Mittlerweile besitzen die Illuminaten – wir nennen sie jetzt einmal so – das gesamte westliche Finanzsystem, alle Energiekonzerne, die Pharmaindustrie, beeinflussen das Bildungssystem, besitzen die Massenmedien und haben Gefolgsleute in fast beinah sämtlichen Regierungen der Welt. Sie bestimmen, welche Informationen ihr erfahrt. Sie ziehen ihre Fäden aus dem Hintergrund und erschaffen ein kaltes System der Ausbeutung, der Ellenbogenmentalität und der Herzlosigkeit. Diese Gruppe ist auch in eurer Zeit nicht sonderlich groß, es sind einige hundert Familien weltweit. Ihnen gehört fast der gesamte Planet und sie bestimmen, welche Gesetze erlassen werden und was die Politiker, die nur Befehlsempfänger sind, zu tun haben. Ihr Ziel ist es die

Menschheit zu reduzieren und vollständig zu unterwerfen. Sie feiern heute noch ihre schwarzen Messen und begehen dabei grausame Verbrechen. Und sie haben große Angst, dass all das ans Licht kommt! Aber sie werden scheitern und zerstören sich gerade selbst!

Trotzdem ist es wichtig, dass ihr bei persönlichen Bevormundungen, einschränkenden Gesetzen und Ausbeutung ganz klar für euch entscheidet, wo eure rote Linie ist, und diese auch für euch deutlich kommuniziert. Jeder darf sich klar entscheiden, welchen Weg er einschlagen möchte! Ein „Durchlamentieren" und so tun als ob, funktioniert heute nicht mehr!

Die Lichtarbeiter unter euch haben sich häufig darüber gewundert, warum schon in der Schule alles auf Wettbewerb und Bewertung ausgerichtet war? Wo ist das Miteinander? Das gemeinsame Erschaffen, Erkunden und Lachen? Ihr habt deutlich gefühlt: Auf diesem Planeten stimmt etwas nicht und läuft total falsch! Wo ist der Schutz der Familie? Die Selbstentfaltung, das Ausprobieren und der Spaß am Leben? Wo sind die Kräfte, die Gutes für das eigene Volk erschaffen und auch umsetzen? Wo sind die Abkommen, die echten Weltfrieden erschaffen mit gegenseitiger Achtung und freudvollem Austausch? Ihr habt diese Dinge vergeblich gesucht und wurdet in ein Sklaven-System gepresst. Aber es ist weltweit gesehen schon an vielen Stellen aufgebrochen!

Jetzt könntet ihr uns vorwerfen, warum wir die Reptiloiden so lange gewähren ließen und nicht eher eingriffen in dieses manipulative Spiel, welches die Erde und die Menschheit so weit zurückgeworfen hat?

Es hat in der Vergangenheit immer wieder einzelne Personen gegeben, die versucht haben, dieses System zu drehen. Einer von ihnen war der Erfinder Nicola Tesla, ein anderer der Politiker John F. Kennedy, Andrew Jackson oder der Arzt Edward Bach, Rudolf Steiner oder Wilhelm Reich, um nur wenige zu nennen. Sie haben ihr Bestes gegeben und wurden häufig vorzeitig beseitigt.

Es gab Beratungen in der geistigen Welt, einen Antrag bei der göttlichen Quelle und einen gewaltigen Plan zur Befreiung und Umgestaltung der Erde.
Da ist einerseits euer freier Wille! Um da einzugreifen musste ein Antrag bei der göttlichen Quelle gestellt werden. Es mussten viele Millionen Seelen gefunden werden, die bereit waren, noch einmal auf die Erde zu gehen, um dieses korrupte System zu kippen. Und es kippt! Seid euch dessen bewusst!

Noch ein wichtiger Punkt: Für diejenigen unter euch, die vermuten, sie stehen vielleicht auch unter dem Einfluss der Reptilien? Erst einmal sind nicht alle Außerirdischen mit diesem Aussehen manipulativ – es ist vielmehr eine kleine Gruppe, die nicht ins Licht gegangen ist. Viele Lichtarbeiter wurden bezüglich dieses Themas aufgeklärt und haben wertvolle Arbeit geleistet, aber ihr habt einen freien Willen und wir können auch verstehen, wenn ihr damit nichts zu tun haben möchtet. Das bloße Wahrnehmen von einem Reptiloiden führt nicht zu einem räuberischen Energievertrag! Das möchten wir an dieser Stelle betonen!
Dafür sind ganz konkrete, bösartige, blutrünstige Handlungen, wie sie Amschel begangen hat, notwendig. Und selbst wenn jemand diesen Vertrag eingegangen ist, so ist jeder Vertrag kündbar! Es fällt nur das auf euch

zurück, was ihr selbst an Handlungen vollzogen habt! Das ist dann Karma und wird auf höherer Ebene geregelt!

Diese wilden Pirouetten, die eure Politiker derzeit drehen, dürfen euch erkennen lassen, wie schwer sie angeschlagen sind. Sie schreien so laut und bedrohen euch täglich mit neuen Horrormeldungen, um der Welt zu sagen: „Ich bin immer noch da und habe alles im Griff!"
Es geht nicht mehr lange! Aber wie heißt es doch so passend: „Die Ersten werden die Letzten sein!" In verschiedenen Ländern beginnen bereits die Prozesse gegen die irdischen Verbrecher. Lichtschiffe haben den feinstofflichen Bereich gesäubert. Die Erfindungen für freie Energie, die lange im Safe weggeschlossen wurden, gehen bereits in Produktion. Ihr werdet eine Welt aufbauen, in der Menschlichkeit, Herzlichkeit, Familie, Freizeit, Frieden, gesundes Essen und persönliches Glück selbstverständlich sind. Beginnt am besten gleich, indem ihr gnadenlos glücklich seid und mit euren Freunden feiert und gemeinsam Pläne schmiedet. Genießt euer Leben! Ihr habt es verdient!
Wir bedanken uns bei allen Lichtarbeitern und Bewohnern der Erde, die sich für dieses gigantische Projekt zur Verfügung gestellt haben!
Wir wissen, dass es gerade in dieser Zeit für viele alles andere als einfach ist. Wir wissen, mit welche Entscheidungen ihr nachts ringt, die euch nicht schlafen lassen. Sorgt euch nicht über Geld, das wird sich alles verändern. Alles kommt zur rechten Zeit! Aber setzt Grenzen, nehmt eure Eigenmacht an und lasst euch nicht verbiegen! Seid gesegnet mit Licht, Freiheit, Mut und Liebe! Das war Konfuzius.

Die Wand des Schweigens durchbrechen

Konfuzius

Geliebte Schülerinnen und Schüler des Lichtes, das ist Meister Konfuzius. Wir begrüßen euch ganz herzlich.
Meine Lieben, viele von euch hatten traumatisierte Eltern, die in ihrer Kindheit noch die Auswirkungen des Zweiten Weltkrieges zu spüren bekommen haben und häufig unbearbeitete Ängste mit sich herumtragen. Die Ängste werden entweder nachts auf der Traumebene bearbeitet, und das äußert sich dann in Form von Albträumen oder es kommt zu Wutausbrüchen meistens gegenüber Schwächeren. Nehmen wir dafür ein Beispiel:

Angenommen, ihr seid Kind und gehört in eine Familie, aber an diesem Abend ist etwas vorgefallen. Die Eltern haben gestritten, der Vater ist ausgerastet, hat gebrüllt und etwas gegen die Wand geworfen. Die Luft ist wie zum Schneiden, und in der Kindheit spürt ihr das sehr deutlich. Dann sitzt ihr alle zum Abendessen am Tisch, aber niemand sagt etwas. So, als ob die Eiszeit ausgebrochen wäre. Es wird nicht gesprochen, niemand lacht, ihr schaut euch nicht in die Augen, sondern seid begrenzt auf den Radius eures Tellers. Das Essen schmeckt nicht. Ihr wirkt wie eingefroren. Dieses Schweigen setzt sich auch über den Abend fort. Und als Kinder seid ihr froh, wenn ihr vom Tisch aufstehen könnt und in euer Zimmer verschwindet. Die Situation hat bewirkt, dass ihr nicht so unbeschwert spielt und eher leise seid. Ihr möchtet das „Monster“ nicht wecken! Irgendwann werdet ihr dann ins Bett geschickt. Es ist nicht das übliche Ritual und vielleicht seht ihr auch, dass die Mutter rotgeweinte

Augen hat. Vor dem Einschlafen flüstert ihr, ob die Eltern sich jetzt möglicherweise scheiden lassen?
All das hängt in der Luft und bewirkt in eurem Kinderleben Unsicherheit.
Ein, zwei Tage später sind die Eltern wieder normal. Es gibt für die Kinder keine Erklärung, was diesen Umschwung bewirkt hat.
Wenn ihr das erlebt, dann werdet ihr damit geprägt, und vielleicht habt ihr in eurem jungen Erwachsenenleben die Erfahrung gemacht, wenn irgendetwas in der Luft hängt zwischen euch und eurem Partner und es kommt zu Meinungsverschiedenheiten und Streit, dass einer oder beide mit Schweigen reagieren. Es wird nichts gesprochen, um das „Monster" nicht zu wecken.
Streiten, Hinterfragen und Versöhnen sollte ein Schulfach sein! Wenn ihr mehr über den Umgang mit solchen Situationen wissen möchtet, beschäftigt euch mit gewaltfreier Kommunikation!

Das Schweigen verändert sich dann, wenn ihr daran arbeitet und absolut ehrlich seid. Es geht nicht um Perfektion. Wenn ihr in einer Beziehung zu einem anderen Menschen oder auch zu eurer Familie seid, dann kommt es gelegentlich vor, dass ihr euch missversteht, irgendwie kabbelt, euch gegenseitig verletzt, ohne dass es vielleicht mit Absicht geschieht.

Aber manchmal geschieht es auch absichtlich, immer dann, wenn ihr vorher bestimmte eigene Verletzungen auf Eis gelegt habt. Da kommt ein Satz, der euch verletzt und ihr sagt zu euch selbst: „Ach, stell dich nicht so an! Schlucke es hinunter!" Dann kommt die nächste Situation und dann, irgendwann sagt ihr etwas, um dem anderen eins auszuwischen.

Meine Lieben, beobachtet euch selbst! Seid absolut ehrlich! Ihr könnt wahrnehmen, wenn jemand verletzt ist und die Stimmung kippt. Im Allgemeinen ist es so, wenn irgendetwas vorgefallen ist, was nicht angebracht ist, dann gefriert die Luft, dann bricht wieder eine „Eiszeit“ aus, und viele kennen dieses Gefühl aus der Vergangenheit.

Das will euch sagen: „Halt, stopp! Sprich, frage nach! Kläre es jetzt!“
Nehmt wahr, wie ihr miteinander kommuniziert. Seid absolut ehrlich. Seid miteinander und unterstützt euch gegenseitig. Klärt die Dinge, die in der Luft hängen. Lacht miteinander. Haltet euch in den Armen. Das In-den-Armen-Halten und einfach nur das Energiefeld des anderen spüren, ist sehr heilsam und kann euch sehr weit bringen. Denn dabei werden Verletzungen geheilt und ausgeglichen.

Meine Lieben, wenn ihr heute spürt, dass zwischen euch, eurem Partner, einer Freundin, einem Kind, einem Kollegen plötzlich so etwas wie eine Eiszeit ausbricht, dass der andere schweigt, nichts mehr sagt, dann durchbrecht dieses Schweigen, fragt nach, stellt eine Frage: „Was ist jetzt los? Ich habe das Gefühl, du ziehst dich gerade zurück.“
Wenn es frisch ist, erinnert sich jeder noch sehr genau, welche Kommunikation davor stattgefunden hat, und manchmal gibt es darin einen Satz, ein Wort, irgendeine Spitze, und diese Angelegenheit wird vom anderen aufgebauscht, verschlimmert, größer gemacht, als es eigentlich ist. So entsteht auf einmal eine Wand des Schweigens.

Meine Lieben, durchbrecht diese Wand beizeiten. Sprecht miteinander. Fragt nach, wenn ihr merkt, irgendetwas ist jetzt komisch. Sprecht es an! Seid absolut ehrlich. Dann werdet ihr merken, dass viele Kleinigkeiten Fehlinterpretationen sind, die man auch sehr schnell wieder ausräumen kann.

Gut, auch wenn ihr entdeckt, dass eure Wut euch übermannt hat und ihr in eurer Kommunikation nicht perfekt wart, weil ihr euren Sohn oder eure Tochter angebrüllt habt, dann versucht es zeitnah zu klären. Es geht euch ohnehin durch den Kopf, es ist euch peinlich, und es wäre von Vorteil, wenn ihr das Gespräch sucht so nach dem Motto: „Das, was ich vorhin gesagt habe, das habe ich nicht so gemeint. Ich habe schneller gesprochen, als dass ich nachgedacht habe, und ich weiß, ich habe dich dabei verletzt. Es tut mir leid!"

Erklärt es und schafft es aus der Welt. Dann entsteht diese energetische Mauer nicht. Das ist das, was wir euch empfehlen würden!

Die Macht der inneren Einstellung

Kuthumi

Du bist der Schöpfer deiner Realität! Die Welt und deine Erfahrungswerte erschaffen sich aus deinen Gedanken. Und jetzt ist die Zeit reif, dass du in die volle Verantwortung dafür gehst. Die Psychologie lehrt euch, dass ihr geprägt werdet von vergangenen Erfahrungen. In der Vergangenheit erlittene Verletzungen, Übergriffe, Gewalt und Dramen erzeugen heute in euch Gefühle, und sind diese Gefühle von Ängsten und Hemmungen zersetzt, lässt euch das unsicher und vorsichtig werden. Ihr neigt dann eher dazu, euch zurückzuhalten, um bloß nicht noch einmal diese unangenehme Erfahrung zu wiederholen.

Wenn du anfängst an dir zu arbeiten, dann sind es zumeist unangenehme Gefühle, die du loszuwerden versuchst. Das bedeutet, du fragst dich, woher kommt dieses Gefühl? Du findest dann eine Prägung der Kindheit oder Teenagerzeit, wo du ähnlich empfunden hast. Soweit ist das klar und den meisten Menschen bewusst. Aber jetzt kommt ein Part, der unmittelbar mit eurer Schöpfermacht zu tun hat: Ihr bestimmt die Größe der Auswirkung eines in der Vergangenheit erlittenen Schadens in der Gegenwart! Das heißt, eure Einstellung zu diesem Thema ist außerordentlich wichtig! Ihr könnt ein Drama, was ihr im Alter von zehn Jahren erlebt habt, dafür nutzen, dass es euch bis zum Grab erfüllt und einschränkt. Nun sagt sich niemand im Alter von zehn: „Das war so schlimm, das wird mich jetzt bis zum Ende meines Lebens begleiten!“ Ihr denkt kurzfristiger, hämischer und rachsüchtiger: „Meine Eltern haben mich nicht beschützt, es geschieht ihnen recht, dass sie sich jetzt über meine Gesundheit sorgen! Wenn ich erst im Grab liege, werden sie heulen. Aber dann ist es zu spät! Und sie werden sich wünschen, sie hätten mir zugehört und sich besser um mich gekümmert.“
Diese Gedanken erzeugen Gefühle der Ablehnung, sie fokussieren eure Aufmerksamkeit auf ungeliebt sein. Daraus entsteht in der Folge vielleicht die Aussage: „Meine Eltern haben mich nie geliebt. Ich war ihnen immer gleichgültig. Sie waren nur mit sich selbst

beschäftigt." Später könnte daraus werden: „Ich bin ein ungeliebtes Kind und kann deshalb meine Gefühle nicht ausdrücken. Manchmal neige ich zu Wutausbrüchen. Das kommt alles aus meiner Kindheit. Ich kann nichts dafür!"
Was haltet ihr davon? Ist das wirklich die Wahrheit? Die einzig mögliche Wahrheit? Oder ist es eine selbsterschaffene Einstellung? Wohin bringen euch derartige Gedanken? Sie limitieren euch, erzeugen Opfergefühle und Selbsteinschränkung!
Etwa im Alter von zehn Jahren beginnt eure Schöpfermacht sich zu intensivieren und ihr entwickelt Wahrnehmungsfilter. Ein Zehnjähriger, der der Meinung ist: „Meine Eltern lieben mich nicht!" und diese Überzeugung aus kleinen Alltagsszenen gewonnen hat, wird seine Wahrnehmungsfilter künftig anweisen, Gesten der Liebe auszublenden!
Das Leben bietet euch immer wieder Gelegenheiten, derartige Überzeugungen zu überprüfen und zu revidieren. Aber auf der Erde laufen mehr Menschen herum mit selbsterschaffenen Einschränkungen, als das sein müsste. Häufig sind es ganze Einschränkungspakete zu allen Lebensthemen. Werdet euch bewusst, wie ihr denkt. Werdet euch bewusst, wie eure Überzeugungen entstanden sind und was ihr tut, um sie für die Zukunft zu erhalten.
Die gute Nachricht ist, dass ihr jederzeit eine 180°-Wende vollziehen könnt und damit eure Selbstentfaltung, Freiheit und Lebensfreude stärkt.

Jesus Sananda
Falls ihr das kennt und aus dieser Opfermentalität heraustreten möchtet, dann beobachtet euch selbst und eure Gedanken! Es gibt in euch Jammergeschichten über

die ungerechte Kindheit, die ihr euch immer wieder selber gedanklich erzählt. Werdet euch dessen bewusst! Mit jeder Erzählung in eurem Inneren oder auch gegenüber anderen Menschen manifestiert ihr sie mit eurer Schöpferkraft neu, und ihr fühlt euch wieder als Opfer.
Es wäre hilfreich sie aufzuschreiben, um himmlische Unterstützung zu bitten und diese Energie wirklich willentlich loszulassen. Schreibt diese Opfersätze um in eine neue Wahrheit, die eure göttliche Größe und Eigenmacht mit einbezieht und zukunftsträchtig ist.
Nehmen wir ein praktisches Beispiel: Eure Opferschallplatte lautet: „Ich war kein Wunschkind und das haben mich meine Eltern immer spüren lassen. Sie haben mich nie geliebt und laufend ungerecht behandelt! Ich bin immer abgeschoben wurden.
“Falls du noch nie darüber gesprochen hast, solltet du in einem geschützten Rahmen davon erzählen und auch die verdrängten Gefühle zulassen. Geteilter Schmerz kann sehr reinigend sein!
Manchmal ist es hilfreich, dir selbst zu schwören, dass du bestimmte Übergriffe nie wieder zulässt!
Die Zeit der Opfergefühle ist dann vorbei, wenn du sie als beendet erklärst!
Das heißt, wenn du bereit bist, wie König Artus „Excalibur“ aus dem Stein zu ziehen oder wie Scarlett O`Hara dem Himmel zu schwören: „Ich werde nie wieder hungern!“, dann schreibt sich ein neues Programm in deine Aura. Und dieses Programm sendet aus: „Achtung! Hier kommt ein Mensch mit Selbstachtung!“
Die Befreiung liegt in deinen Händen. Du bestimmst den Zeitpunkt.

Und dann gehe in deine Kraft, richte dich auf und gib eine machtvolle Erklärung ans Universum ab: „Ich nehme mich selbst so an, wie ich bin! Ich gehe achtsam mit mir und meinen Bedürfnissen um! Ich bin ein wertvoller Mensch und liebe mich!“ Fühle diese neue Wahrheit in dir und überschreibe das alte Programm. Sage dir diese neuen Sätze immer wieder!

Die Überlebensstrategie „Verdrängen und Schweigen“

Frage:
Weißt du, was ich nicht verstehe? Wir haben jetzt zwei Jahre Pandemie-Einschränkungen, Masken, Impfdruck und alle erdenklichen Schikanen erlebt. Mittlerweile ist fast alles aufgehoben. Aber einige Menschen zeigen so einen vorauseilenden Gehorsam und verdrängen und verweigern jegliches Gespräch darüber. Ich habe das Gefühl, sie haben nicht einen Tropfen Rebellenblut in sich und sind bereit, alles mit sich machen zu lassen. Könnt ihr dazu etwas sagen?

Konfuzius
Ja, es ist das Drama, was sie überrollt!
Die Details sind von Fall zu Fall unterschiedlich, aber was sie alle gemeinsam haben, ist ein erfahrenes, traumatisches Erlebnis. Und das muss nicht zwangsläufig in diesem Leben stattgefunden haben. Wir werden versuchen, das zu erklären:
Meine Lieben, viele von euch sind in ihrem Inkarnationszyklus irgendwann mit Krieg konfrontiert worden. Und während des Krieges seht ihr Zerstörung und Gewalt, erlebt Armut, Selbstversorgung, Unsicherheit und seid Zuschauer so unglaublicher Taten, dass

Verdrängen in diesem Moment eine Überlebensstrategie wird. Ihr handelt nach dem Motto: „Keine Aufmerksamkeit erregen! Schnell wegschauen und das Gesehene in die letzte Kammer des Bewusstseins verbannen!“ Das Selbstschutzprogramm macht zu, steckt den Kopf in den Sand, und eure innere Stimme suggeriert euch: „Dir ist nichts passiert! Es ist alles in Ordnung! Laufe weg!“ Das ist eine Strategie, die in diesem Moment euer Überleben schützt.

Daraus entsteht eine Prägung: Verdrängen und Schweigen!

Das heißt, auch wenn der Krieg in einem früheren Leben stattgefunden hat, so habt ihr doch in euren Zellen ein eingeprägtes Verhaltensmuster, welches aktiviert wird, sobald etwas Unangenehmes in euer Leben eintritt oder sich auch nur ankündigt. Dann überkommen euch Gefühle der Angst und Ohnmacht, deren Ursache alte Kriegserlebnisse sein könnten. Aber auch andere Dramen können dieses Muster auslösen.

Viele von euch gehören einer Generation an, die in einer langen Zeit des Friedens aufgewachsen ist, wo Gewalt prozentual weniger vorhanden war als in Kriegszeiten, dafür eher verdeckt und heimlich stattgefunden hat.

In dem Internat, in dem Kinder missbraucht werden, geschieht das nicht öffentlich, sondern im Hinterzimmer unter vier Augen, und dem Kind wird abverlangt zu schweigen. Auch der Familienvater, der systematisch unter Ausschluss der Außenwelt schlägt – auch seinen Kindern ist sein Verhalten peinlich und sie schweigen. Da gibt es das junge Mädchen, das auf einer Party von einem Mann bedrängt und zum Geschlechtsakt gezwungen wird. Da ist die junge Frau, die von einer Karriere beim Film träumt, die von ihrem Chef brutal im

Hotelzimmer vergewaltigt wird. Alle diese Opfer sind geschockt, verwirrt und über das Geschehen so verletzt, dass sie erst einmal schweigen und sich zurückziehen. Häufig hält die Phase des Schweigens über viele Jahre an, und es dauert sehr lange, bis jemand bereit ist, über dieses Erlebnis zu sprechen.

Es sind genau solche traumatischen Erlebnisse, die angetriggert werden und Menschen mit einer solchen Erfahrung in Angst und Schrecken versetzen. Das Muster „Schnell wegschauen! Kopf in den Sand! Ich habe nichts gehört und nichts gesehen!“ wird zur Überlebensstrategie, weil es schon einmal funktioniert hat.

Ihr erlebt seit drei Jahren, dass eure Medien alles tun, um die Zuschauer mit Angst zu konfrontieren: Die Angst vor einer Pandemie, Ausgangssperren, Maskenpflicht und ein Impfstoff mit einer Notfallzulassung, bei dem der Empfänger unterschreiben soll, dass er für jeden Schaden selbst die Verantwortung und Kosten übernimmt. Und jetzt kommen sie mit Kriegsangst daher! Was ziehen sie als nächstes aus dem Hut? Vielleicht eine Invasion von Außerirdischen?

Meine Lieben, was ihr ertragen müsst, ist furchtbar! Das alte System stirbt mit viel Geschrei und Gegenwehr. Und sie ziehen alle Register, um größtmögliche Panik zu verbreiten. Eure Politdarsteller vertreten Meinungen, für die sie noch vor fünf Jahren von den Medien zerrissen worden wären. Sie stiften Verwirrung und richten so viel Chaos wie nur möglich an. Was könnt ihr daraus ablesen? Weißt du das?

Antwort:

Ich glaube, sie haben Angst.

Konfuzius
So ist es! Sie haben das Volk verraten. Sie haben sich maximal bereichert und sie haben für einen kurzen Machtrausch ihre Seele und ihr Gewissen verkauft.
Was jetzt noch bleibt, ist die Angst, dass alle ihre dunklen Machenschaften ans Licht kommen und sie dafür zur Rechenschaft gezogen werden. Und genau das wird geschehen!

Der Reinigungsprozess auf der Erde

Konfuzius
Meine Lieben, ihr befindet euch in einem gigantischen Reinigungsprozess, der bis in die tiefsten Wurzeln eures gesellschaftlichen Lebens reicht. Ihr wisst von uns, dass die Erde aufsteigt ins goldene Zeitalter, in dem Frieden, Freiheit, Gleichberechtigung, freie Energie, ein harmonisches Miteinander und Selbstverwirklichung herrschen werden.
Das bedeutet aber auch, dass kriminelle Bündnisse, korrupte Machthaber, falsche Politiker und die Superreichen, die seit 300 Jahren und teilweise noch länger aus dem Hintergrund die Fäden ziehen, vorher entthront werden. Das geschieht jetzt im sogenannten Kali-Yuga. Es ist eine Zeit der Lügen und Enthüllungen. In der jeder herausgefordert wird, seine eigene Wahrheit und Weltsicht zu finden.
Meine Lieben, eure Gesellschaft verändert sich, aber ihr seid jetzt in der dunkelsten Phase. Nach jeder Phase der Dunkelheit kommt unweigerlich das Licht zurück, so wie

nach der Wintersonnenwende die Tage wieder länger werden, so gibt es auch eine gesellschaftliche Aufhellung. Eure Erde befindet sich jetzt symbolisch gesprochen in der Phase der Wintersonnenwende. Während der Kosmos automatisch übergeht in die Helligkeit – die Tage also wieder länger werden – wird das Tempo der gesellschaftlichen Aufhellung von den anwesenden Akteuren bestimmt. Und jeder Mensch auf eurem Planeten hat sich irgendwann einmal im jenseitigen Bereich vorgenommen: „Ich werde alles tun, damit die Welt durch meine Anwesenheit ein klein wenig besser wird!“
Es liegt in eurer Hand, wann die Veränderungen greifen. Ängstigt euch nicht! Versucht euch allseitig zu informieren oder Information immer wieder mal ganz zu meiden, wenn ihr merkt, dass sie euch nicht gut tut. Eure persönliche Wahrheit und euren Weg findet ihr in der Stille mit euch selbst.
Es wird zu keinem dritten Weltkrieg kommen, sondern zur Verhaftung und Entmachtung der „grauen Gestalten“, die selten öffentlich in Erscheinung treten und aller ihrer Helfer, die sich schuldig gemacht haben. Diese Kräfte, die noch immer in vielen Ländern aus dem Hintergrund die Fäden ziehen, müssen entmachtet werden. Sie haben über Jahrhunderte gewaltige Verbrechen an der Menschheit begangen und tun es noch heute. Sie stiften Unfrieden, zetteln Kriege an, sprengen Gebäude und Brücken und gießen Öl ins Feuer, wo immer es möglich ist. Ihr habt erlebt, wie Lobbyisten euren Politikern Gesetzestexte zur Umsetzung weiterreichen, die dann 1:1 verwirklicht werden. Dabei geht es nur um die Interessen der Superreichen und wie sie noch mehr Einfluss bekommen. Das Volk wird ausgebeutet, in Unwissenheit und Sklaverei gehalten. Das ist Korruption

der schlimmsten Art und wird im goldenen Zeitalter nicht geduldet! Deshalb ist jetzt dieser Reinigungsprozess vonnöten!

Eure Politiker stehen aufgrund von Fehlentscheidungen mit dem Rücken zur Wand. Sie waren bisher gehorsame und erpressbare Befehlsempfänger und das Ganze fällt ihnen gerade auf die Füße. Nicht alle von ihnen sind wirklich von Bosheit zersetzt und vollkommen gewissenlos, sondern eher in einer verzweifelten Lage. Viele sind medikamentenabhängig, alkoholsüchtig und können nachts nicht mehr schlafen. Sie gehen durch einen Albtraum. Die geistige Welt würde ihnen zu absoluter Ehrlichkeit und Offenheit raten! Eine persönliche Wende ist noch immer möglich! Aber keine Rückkehr zu den alten Verhältnissen!
Die Politiker der Zukunft sind Diener des Volkes! Das Volk bestimmt, wie und mit welchen Regeln es leben möchte! In der Zukunft werdet ihr frei, gut versorgt, gesund und bewusst euer Leben bestimmen können! Es kommen viele Erfindungen ans Licht, die überaus nützlich sind, z.B. freie Energie für Häuser, die sie sowohl mit Heizung als auch mit Strom versorgen. Euer Gesundheitswesen macht in den nächsten Jahren eine Kehrtwende um 180° hin zur Naturmedizin und Heilung durch Schwingungsfrequenzen. Ihr werdet selbst bestimmen, ob und wie viel ihr arbeitet. Vielleicht möchtet ihr auch mit eurer Kreativität Geld verdienen? Oder ihr seht euren Weg in der Unterstützung von anderen Menschen? Vielleicht schlummern in euch Möglichkeiten, für die bisher keine Zeit war?

Die Reinigung der Erde betrifft die Kräfte, die aus dem Hintergrund die verschiedenen Regierungen im

Würgegriff halten – deren Befreiung geschieht jetzt! Und das nicht nur auf dem Boden der Ukraine. Sie besitzen die alten Medien und verbreiten über dieselben Angst und Schrecken. Auf dem Finanzsektor werden sich schon bald intensive Veränderungen abzeichnen. Das alte System bricht zusammen. Sie drohen euch mit Krieg und hetzen euch gegeneinander. Das haben sie erfolgreich in zwei Weltkriegen geschafft. Aber diesmal schaffen sie es nicht! Der Himmel ist an eurer Seite! Wir unterstützen die lichtvollen Kräfte – verbindet euch mit eurem Hohen Selbst und folgt eurer inneren Stimme. Vernetzt euch mit Gleichgesinnten, betet und meditiert miteinander.
Ihr seid Zeugen eines gewaltigen Prozesses, über den ihr erst im Nachhinein detailliert informiert werdet. Viele von euch sind genau wegen dieser Veränderungen auf die Erde gekommen. Ihr könnt die Energie unterstützen mit eurem inneren Frieden und euren brillanten neuen Ideen über eine gerechte Welt! Ihr werdet gebraucht, wenn es darum geht, die Menschen aufzufangen und in ihrem inneren Gleichgewicht zu unterstützen.
Wenn ihr in Panik geratet, ist es wichtig, eure Augen und Ohren zu öffnen und die friedliche Welt, die euch umgibt, bewusst wahrzunehmen und zu spüren! Hört auf, euch mit Nachrichten zuzudröhnen. Geht in die Natur oder verbindet euch mit dem Göttlichen.

Besinnt euch auf das, was ihr über euer Bewusstsein gelernt habt! Haltet inne, geht in die Stille und richtet eure Aufmerksamkeit auf positive Dinge. Seid kreativ, meditiert, lest gute Bücher, seht schöne Filme, haltet Kontakt zu Freunden und Gleichgesinnten.
Es ist ein großer Reinigungsprozess, der zuvor stattfinden muss und ihr seid im Moment auf dem

Höhepunkt dieser Welle! Die Bevölkerung ist nicht in Gefahr! Ihr werdet beschützt und energetisch unterstützt. Eure Aufgabe ist es euch täglich positiv auszurichten und in euch Harmonie und Frieden zu erzeugen. Lasst euch nicht gängeln von Gesetzen, die in Panik erschaffen wurden! Sie kommen nicht zum Zuge! Sagt einfach „Nein!“ dazu.

Meidet Orte, an denen Waffen hergestellt und gelagert werden! Die dunklen Energien – und dazu gehören auch Waffen – werden zerstört. Dieser Punkt ist wichtig!
Es wird in größeren Städten zu Versorgungsengpässen kommen und ihr durchlauft eine längere Zeit der Unsicherheit mit plötzlichen Veränderungen, die euch herausfordern wird. In der aber viele Menschen zu einem höheren Bewusstsein erwachen! Ihr alle seid göttlich! Ihr alle habt einen Schutzengel – und das ist nicht irgendein fiktives Wesen, was wir zu eurer Erbauung erfunden haben – sondern es ist von jedem von euch direkt erfahrbar.
Sprecht mit dieser unsichtbaren Wesenheit an eurer Seite. Ihr braucht dafür lediglich ein bisschen innere Harmonie und Vertrauen! Euer Engel weiß immer, wo ihr sicher und versorgt sein werdet. Das Licht und die Liebe sind mit euch! Seid gesegnet, das war Konfuzius.

Russland und Putin

Frage:
Könnt ihr sehen, wie es mit Russland weitergeht? Kann sich da die Diktatur festsetzen? Wie geht es mit diesem riesigen Land insgesamt weiter?

Konfuzius
Aus unserer Sicht ist Russland auf einem eher guten Weg. Sie haben auf dem Gebiet der Umstrukturierung zu mehr Gerechtigkeit und Zufriedenheit des Volkes sehr viel umgesetzt, und der Prozentsatz an glücklichen Bürgern ist sehr hoch. Wir holen ein wenig weiter aus:
Die ehemalige Sowjetunion, wie sie damals genannt wurde, mit diesen vielen Staaten, ist Anfang der 1990er Jahre zusammengebrochen. Damals haben sich ehemalige Regierungsmitglieder sehr bereichert, indem ursprünglich staatliche Betriebe für einen Apfel und ein Ei, wie ihr zu sagen pflegt, verkauft wurden und untereinander verschachert.

Daraus sind viele Oligarchen entstanden, die oftmals nichts anderes zu tun hatten, als schnellstmöglich den maximalen Gewinn herauszuschlagen, indem sie alles verscherbelten, was nicht festgewachsen war. Arbeitsplätze oder menschliches Leid waren ihnen dabei egal. Eine Zeitlang nach diesem Zusammenbruch herrschte Anarchie, es gab viel Kriminalität, Prostitution, Bettler und hungernde Menschen, die ihre Miete nicht mehr zahlen konnten.
Etwa zur selben Zeit ist der Ostblock zusammengebrochen. Es gab damals ein Militärbündnis – den Warschauer Pakt – die osteuropäische Gegenmacht zur

NATO. Dieses Bündnis wurde aufgelöst, und die Truppen wurden abgezogen. Gleichzeitig verpflichtete sich die NATO, von jeglicher Osterweiterung abzusehen. Das waren die Hintergrundverhandlungen zur deutschen Wiedervereinigung. Die osteuropäischen Staaten wurden in die Freiheit, in die Eigenständigkeit entlassen, und auch ehemalige russische Militär-Stützpunkte wurden aufgelöst und zurückgenommen. Das eine Bündnis war also weg!

In Russland gab es daraufhin innerhalb der Sowjetunion sehr viel Korruption. Es wurden keine Renten mehr gezahlt, und das über Monate und die Menschen hingen quasi total in der Luft. Sie wussten nicht, wie sie sich versorgen konnten, die Geschäfte hatten unregelmäßig geöffnet, Warenlieferungen blieben aus, die Arbeitsplätze waren unsicher und es war jeden Tag etwas anderes los. Es war eine ähnliche Situation, die ihr vielleicht jetzt im Westen erlebt, das hatten sie in den neunziger Jahren.

Wladimir Putin kam aus der ehemaligen DDR, wo er als Oberstleutnant des russischen Militärs stationiert gewesen war, zurück nach Russland. Seine Heimat war nicht wieder zu erkennen. Betteln, Prostitution und Raubüberfälle waren an der Tagesordnung. Schließlich ist er in die Regierung gegangen und hat der Bevölkerung erklärt: „Wir müssen aufräumen! Es geht nicht, dass sich Oligarchen bereichern am ehemaligen Allgemeineigentum und die Bevölkerung betteln muss!"
Er hat neue Gesetze erlassen und ist verschiedenen geldgierigen Zeitgenossen ziemlich auf die Zehen getreten und hat sie enteignet. Er hat dafür gesorgt, dass wieder Renten gezahlt wurden, dass die medizinische Versorgung wieder funktioniert hat, die Schulen wieder

öffneten und Lehrer bezahlt wurden. Er hat stillgelegte Fabriken den ehemaligen Arbeitern und Angestellten übergeben und dafür gesorgt, dass die Menschen wieder in Arbeit gekommen sind. In seinen Reden ans Volk war er absolut ehrlich und hat alle seine Handlungen erklärt und auch Volksabstimmungen eingeführt.
Russland war am Anfang total schwach und konnte sich auch nicht wehren, als die NATO-Osterweiterung begann. Die Stabilität hat sich erst nach und nach etabliert und neue Verbindungen wurden ins Ausland geknüpft. Mit russischen Bodenschätzen, der eigenen Industrie und neuen Erleichterungen in die Selbständigkeit wurde eine stabile Wirtschaft erschaffen. Putin wurde vom russischen Volk sehr verehrt, weil er wieder Ordnung reingebracht und mit dieser Ungerechtigkeit aufgeräumt hat.

Seit etwa sieben Jahren gibt es in Russland neue Gesetze, die auf dem Prinzip der Anastasia-Bücher beruhen. Zum Beispiel: dass der Boden allen Menschen gehört und jeder Mensch ein Stück Land kostenfrei zur Verfügung gestellt bekommt und sich dort mit seiner Familie ansiedeln kann. Sie nennen es Familien-Landsitz. Das Land darf nicht verkauft werden, es ist nur zur eigenen Nutzung und zum Bau eines Hauses gedacht und es ist kostenlos. Auf diese Art und Weise entstehen neue Siedlungen.
Genauso gibt es auch im Schulsystem und in der Wissenschaft neue Ausrichtungen und zwar auf den feinstofflichen Bereich und die Bewusstseinsarbeit. Es gibt zum Beispiel in der Schule Fächer, in denen junge Menschen bewusst lernen: Wie kann ich mit der geistigen Welt in Verbindung treten? Welche unbekannten Fähigkeiten schlummern in mir? Sie lernen Entspannung

und Streitschlichtung. Das sind Schulen, die im Moment wie Pilze aus dem Boden schießen. Auf dem Gebiet der Wissenschaft gibt es auch viele neue Zweige, die gelehrt und praktisch umgesetzt werden.
Wir sehen in Russland auch sehr viele positive Entwicklungen! Die meisten Menschen dort sind sehr zufrieden.
Und was treiben die westlichen Schulen? Gender-Wahnsinn und Frühsexualisierung! Damit sind die Kinder vollkommen überfordert und es schwächt ihr Licht! Doch darüber später!

Und noch etwas anderes wurde in Russland nicht eingesetzt: Diese mRNA-Impfstoffe, die im Westen und fast auf der ganzen Welt verspritzt wurden, kamen dort nie zum Einsatz. Sie haben einen eigenen Impfstoff entwickelt, den Sputnik, der einem Grippeimpfstoff entspricht. Sie haben also nicht eure gesundheitlichen Auswirkungen und verfügen darüber hinaus über ein kostenloses Krankensystem. Ihr Renteneintrittsalter liegt bei 62 Jahren. Es ist ein Land, was aus unserer Sicht nicht perfekt, aber auf einem guten Kurs ist.

Einwurf:
Das haut mich jetzt völlig von den Socken. Wie passt das dann zusammen, dass der Putin die Ukraine angreift? Wenn doch sein Land so weit entwickelt sein soll?

Konfuzius
Ja, es ist auch ein wenig anders. Die NATO liebäugelt mit einer Übernahme der Ukraine in ihr Bündnis, damit sie näher an die russische Grenze vorrücken kann. Was dahinter steht, sind eindeutig Kriegspläne der Illuminaten. Und eigentlich ist die NATO schon seit Jahren drin, ohne

dass es offiziell wäre.
Die Ukraine ist als Land nach außen eigenständig, sie ist weg von der ehemaligen Sowjetunion und es gibt offiziell kein anderes Bündnis. Sie ist sozusagen ein rechtsfreier Raum. Und diesen Umstand haben westliche Politiker und Geschäftsleute reichlich ausgenutzt. Sie betreiben in der Ukraine Geldwäsche, Organ- und Kinderhandel und Biolabore mit wirklich extremen Experimenten.
Da wurden Kreuzungen zwischen Tier und Mensch ausprobiert. Der Organhandel läuft nach einem Bestellsystem. Wer in der Ukraine ins Krankenhaus kommt, weiß nicht, ob er diese Prozedur überlebt. Es gibt Massengräber mit ausgeschlachteten Körpern.
Neugeborene und Kinder verschwinden dort in unglaublichem Ausmaß. In den Biolaboren werden Viren mutiert und Biowaffen entwickelt und auch gleich an der ahnungslosen Bevölkerung ausprobiert. Außerdem wurden neue Waffen getestet und mit ihnen die östlichen Provinzen beschossen, die russischstämmig sind.
Vielleicht hast du davon gehört, dass in der Ukraine seit 2014 ein Krieg tobt?

Frage:
Ist das wegen der Krim?

Konfuzius
Nein. 2014 gab es in der Ukraine einen Putsch, vielleicht kannst du dich an die Bilder vom Maidan erinnern? Damals wurde die russlandfreundliche Regierung gestürzt – angezettelt vom Westen. Die NATO wollte vorrücken an die russische Grenze. Sie schürten Konflikte innerhalb der Ukraine. Und erreichten schließlich, dass die beiden östlich gelegenen Provinzen aufbegehrten. Sie sind russischsprachig. Von der ukrainischen Regierung wurde

eine Kampagne gegen sie gefahren.
Es gab Anfeindungen, und die russische Sprache wurde verboten. Sie wurde nicht mehr an der Schule unterrichtet. Und dagegen haben diese beiden Provinzen aufbegehrt. Das Einzige, was sie damals wollten, war, weiter russisch sprechen.
Es kam zum Eklat, und die Ukraine griff die östlichen Provinzen Donezk und Luhansk an und gab sie frei zum Abschuss. So ist dieser Krieg entstanden. Die Ukraine hat beispielsweise neue Raketen getestet, indem sie diese beiden Provinzen beschossen hat. Raketen flogen in Wohnhäuser. Als nächstes haben sie in den beiden Provinzen die Rentenzahlungen eingestellt und verkündeten: Nur wer nach Kiew reist, sich meldet, dass er noch existiert, bekommt weiterhin für drei Monate Rente, alle anderen nicht! Es war eine bösartige, niederträchtige Politik gegen Teile des eigenen Volkes.
Viele Menschen, die älter waren und nicht mehr so reisefreudig um hunderte Kilometer weit zu reisen, konnten ihre Rente nicht neu beantragen und sind dann auf dem Trockenen geblieben. Sie sind zu Selbstversorgern geworden und das geht seit 2014. Und das ist nicht alles!

Sie haben beispielsweise aus Krankenhäusern und von Spielplätzen Kinder geraubt und sie zum Kinderhandel an Pädophilenringe, an Satanisten und zur Adrenochrom-Gewinnung verkauft. Es gab Leihmütter, die am Fließband Kinder bekamen. All das hat in der Ukraine stattgefunden. Es war ein rechtloses Land, und es war schlimm, wirklich schlimm!

Frage:
Was ist Adrenochrom?

Konfuzius
Das ist eine Partydroge, die aus dem Blut gequälter Kinder gewonnen wird und den Empfänger kurzzeitig verjüngt. Sie ist sehr teuer und in elitären Kreisen überaus beliebt.

Einwurf:
Oh Gott!

Konfuzius
Kommen wir zurück zum Thema Russland-Einmarsch. Die Bevölkerung von Donezk und Luhansk hat sich an Putin gewendet und sinngemäß gesagt: „Befreie uns, wir möchten lieber zu Russland gehören als zu diesem Verbrecherstaat!" Putin hat eine ganze Weile gezögert, da fanden erst Verhandlungen statt, ob es möglich sei, diese beiden Provinzen gegen Öl freizugeben. Als er merkte, dass Selensky nichts zu entscheiden hat, hat er mit Biden gesprochen und um Vermittlung gebeten. Putin wurde abgewiesen. Es gab in den Provinzen Donezk und Luhansk eine Volksabstimmung, die mit großer Mehrheit für einen Beitritt zu Russland ausging. Eine Übernahme wurde von ukrainischer Seite abgelehnt. Daraufhin ist Putin dann einmarschiert. Verstehst du die Hintergründe?

Frage:
Ich verstehe die Hintergründe, aber wir haben dann im Westen ein komplett anderes Bild, also eigentlich sind wir im Westen diejenigen, die von den Nachrichten verarscht werden.

Konfuzius
Ja. Ihr werdet von A bis Z belogen. Eure Politiker wollen auf keinen Fall, dass die Verbrechen, die in der Ukraine

angerichtet wurden, ans Licht kommen. Aus diesem Grund befeuern sie diesen Krieg mit Geld und immer mehr Waffen. Aber sie werden verlieren.

Frage:
Das würde ja dann heißen, hier bei uns gibt es mehr aufzuräumen als in Russland.

Konfuzius
Ja. Es ist so, dass die ehemaligen NATO-Länder oder ihr seid ja immer noch NATO-Land unter amerikanischer Besatzung ... Die NATO wurde ja leider nicht aufgelöst, so wie der andere Militär-Pakt, so wäre es zweifellos einfacher gewesen.
Die NATO-Länder sind sehr unter Druck. Es gibt die 300 superreichen Familien. Davon hast du schon gehört. Da gehören die Rockefellers dazu, die Rothschilds und eine ganze Reihe anderer ebenfalls sehr berühmter Familien, die eher aus dem Hintergrund heraus regieren. Mit Hilfe der NATO setzen sie ihre Umstürze und Übergriffe auf andere Länder, deren Rohstoffe und Banken durch, die sie dann mit einem Militärstützpunkt sichern. Sie haben seit Gründung dieses Bündnisses 37 Länder überfallen und bombardiert. Sie halten in der westlichen Welt noch immer die Fäden in der Hand, aber sie verlieren auch immer mehr an Einfluss.

Die Superreichen, die Illuminaten, stammen im Ursprung aus dem deutschsprachigen Raum – also einige von ihnen, nicht alle. Dort wurde auch dieser Illuminaten-Orden gegründet. Es ist ein Orden, in dem noch heute satanische Rituale abgehalten werden, in dem Kinder geopfert und schwarze Magie betrieben wird. Das muss beendet werden!

Frage:
Uns wird ja ein ganz anderes Bild vermittelt! Wann bricht dieses Lügengebäude zusammen? Wie lange wird es noch dauern?

Konfuzius
Das kommt auf die Bevölkerung an. Ihr bekommt durch eure Medien ein sehr zensiertes Bild vermittelt, aber immer mehr Menschen sehen die Unstimmigkeiten und informieren sich alternativ. Die Medien können ihre Lügen nicht ewig aufrechterhalten. Ihre eigenen Verbrechen fallen ihnen vor die Füße, und sie spüren sehr deutlich, dass ihre Macht schwindet. Auch können sie die Impfschäden nicht unter den Teppich kehren, diese kommen unweigerlich ans Licht! Das führt letztendlich dazu, dass die Bevölkerung wachgerüttelt wird. Diese Impfung ist ein Verbrechen an der Menschheit und sie werden dafür zur Rechenschaft gezogen. Entweder irdisch oder karmisch!
Ein bestimmter Prozentsatz der Bevölkerung muss merken, dass es so nicht weiter geht, sonst seid ihr nicht für Veränderungen bereit.

Frage:
Ist das ein Prozent der Bevölkerung oder mehr?

Konfuzius
Nein, mehr. Es ist mehr als ein Prozent, etwa zehn bis fünfzehn oder auch zwanzig Prozent. Es ist so, dieses Erwachen löst einen inneren Prozess aus. Es ist nicht wie bei einem Lichtschalter!
Wenn wir dich jetzt mit Informationen bestücken, dann löst das in dir Überlegungen aus und Vergleiche mit anderen Nachrichten. Und du sagst dir vielleicht: „Naja,

das kann doch gar nicht sein!“ Dann hörst du nach drei Tagen etwas Ähnliches und diesmal ist es dir schon vertrauter. Irgendwann denkst du darüber nach und kannst es möglicherweise als Wahrheit annehmen. Du erzählst es jemandem und der sagt dir: „So ein Schwachsinn, wie kannst du das nur glauben!“ Und dann bist du wieder verunsichert. Das ist ein innerer Prozess, der hin- und herschwankt, und deswegen lässt sich diese Prozentzahl der Aufgewachten auch schwer berechnen. Verstehst du das?

Antwort:
Ja.

Konfuzius
Solange die Bevölkerung eines Landes nicht merkt oder merken möchte, wie sie betrogen wird, gibt es keine Veränderung!

Einwurf:
Stopp! Ich möchte dich noch etwas fragen! Du hattest vorhin in einem Halbsatz etwas Wichtiges gesagt, es ging um die westlichen Schulen und das Licht der Kinderseelen?

Konfuzius
Das ist ein neues Kapitel.

Frühsexualisierung & Gender-Wahnsinn

Konfuzius
Wir möchten vorwegschicken, dass wir nicht gegen sexuelle Aufklärung von Jugendlichen im angemessenen Alter sind. Aber die Art und Weise wie in der westlichen Welt seit etwa 2010 der Sexualkundeunterricht vom Verein proFamilia an den Schulen und auch schon im Kindergarten vorangetrieben wird, ist zutiefst verstörend. Falls deine zehnjährige Tochter oder dein Sohn verstört und schweigsam aus der Schule nach Hause kommen und sich zurückziehen, dann frag sie, was im Sexualkundeunterricht vorgefallen ist?
Sie sollen darüber schweigen und auch nicht mit den Eltern sprechen. Denn, wenn die Eltern wüssten, was da abläuft, gäbe es eine Revolution!

So werden die Kinder beispielsweise bereits im Kindergarten über Selbstbefriedigung und Homosexualität aufgeklärt. In der Schule werden sie informiert über Empfängnisverhütung, wie ein Penis und eine Vagina ausschauen und welche sexuellen Stellungen es gibt. Sie werden im Alter von elf Jahren mit Sexspielzeug wie Dildo, Peitsche, Muschi, Handschellen konfrontiert und werden über Oralsex aufgeklärt. Und anschließend werden sie vor der Klasse befragt, welches ihre bevorzugte Sexualstellung ist und welches Sexspielzeug sie besonders interessiert? Die meisten sind so verstört, dass sie dazu nichts sagen können. Sie schämen sich vor ihren Klassenkameraden und haben unterschwellig das Gefühl, dass mit ihnen etwas nicht stimmt. Häufig empfinden sie die sexuelle Welt, die ihnen offenbart wird, als ekelhaft und nicht

erstrebenswert. Und das empfinden sie richtig!
Sie werden informiert über Geschlechtsumwandlung, was Männer mit Männern und Frauen mit Frauen tun. In Amerika ist es so weit gekommen, dass die sogenannten Sexualpädagogen Zwölfjährige zur Geschlechtsumwandlung an eine Klinik vermittelt haben ohne Zustimmung der Eltern! Sie bekommen dafür eine Prämie!

Was dieser Verein tut, schreit zum Himmel! Sie haben Kinderseelen auf dem Gewissen und helfen tatkräftig, Kinder zu zerstören und ihr Licht zu kappen! Es ist eine absichtliche Verletzung der Schamgefühle eurer Kinder, mit dem Ziel sie, beziehungsunfähig zu machen. Dahinter stehen proFamilia, der IPPF und die Rockefeller-Organisation. Ihr Ziel ist es, Pädophilie zu legalisieren. Ein Kind mit zehn Jahren hat keine sexuelle Orientierung! Es möchte spielen, Freundschaften pflegen, die Natur erkunden, träumen, mit anderen lachen und glücklich sein. Es wünscht sich ein Haustier und eine intakte Familie. Es möchte kreativ sein und die physische Welt erkunden und verstehen.

Kommen wir nun zum Thema Gendern:
Dafür möchten wir gern ein wenig weiter ausholen: Von Natur aus gibt es zwei Geschlechter: weiblich und männlich.
Ihr durchlauft als Seele einen Inkarnationszyklus, und dieser wäre doch recht einseitig, wenn ihr immer nur im gleichen Geschlecht Erfahrungen sammeln würdet. Ihr wäret dann unfähig euch in eine Frau oder einen Mann hineinzuversetzen, da euch die praktische Erfahrung fehlt. Aus diesem Grund inkarniert ihr in beiden Geschlechtern.

Von Gott, dem Universum oder eurem Seelenplan ist vorgeschrieben, dass jeder Mensch die Erfahrung der Mutter- und Vaterschaft gemacht haben sollte. Die Anzahl der Inkarnationen, die ihr im weiblichen und männlichen Geschlecht erlebt, sind etwa 20:80 Prozent. Das bedeutet, dass es ein Geschlecht gibt, mit dem ihr euch leichter identifizieren könnt und in dem ihr euch wohler fühlt.
Wenn ihr dann mit dem gegenteiligen Geschlecht geboren werdet, dann habt ihr häufig in der Kindheit, in der Jugendzeit und in manchen Fällen das ganze Leben das Gefühl, mit euch würde etwas nicht stimmen. Ihr bevorzugt vielleicht die Kleidung des anderen Geschlechtes, und in euren inneren Visionen habt ihr Bilder der Anziehung, die nicht zu eurem momentanen Geschlecht passen. Es fällt euch schwer, die Rolle zu erfüllen, die alle von euch erwarten. Meist in der Pubertät erfahrt ihr, dass ihr nicht allein mit dieser Orientierung seid.
Manche Seele versucht sich anzupassen und der gesellschaftlichen Norm zu entsprechen, heiratet und gründet eine Familie. Häufig beginnt dann ein Doppelleben mit Geheimnissen und heimlichen Treffen. Es ist kein einfaches Leben und früher oder später kommen die Neigungen ans Licht.
Manch einer lebt dann offiziell in einer gleichgeschlechtlichen Partnerschaft oder denkt über Geschlechtsumwandlung nach. Aber die meisten sind nach einer Geschlechtsumwandlung nicht dauerhaft glücklich, weil das, was eure Schulmedizin dabei fabriziert, nicht wirklich dem entspricht, was ihr euch erhofft habt. Aus diesem Grund würden wir euch empfehlen, folgt mit Liebe und Achtung dem, was ihr fühlt, und steht dazu!

Nun kommen wir zum Gendern:

An erster Stelle ist es eine Verunglimpfung der Sprache, die aus unserer Sicht unnötig ist! Sogar die Mumie könnte sich beleidigt fühlen, dass sie durch das „die“ in die weibliche Form gepresst wird.
Wenn das Volk abgelenkt und mit unsinnigen Themen gefüttert werden soll, dann entstehen solche Auswüchse! Des Weiteren könnt ihr auf dem Ausweis euer Geschlecht wechseln, zur Auswahl stehen: männlich, weiblich und es. In manchen Ländern könnt ihr das Geschlecht täglich wechseln, in anderen nur einmal im Jahr. Die ersten öffentlichen Gebäude haben mittlerweile eine dritte, genderneutrale Toilette eingebaut.
Natürlich gibt es dadurch auch Probleme: Wenn beispielsweise ein männlicher Sexualstraftäter im Ausweis das Geschlecht „weiblich“ stehen hat, kommt er ins Frauengefängnis – so geschehen in England. Viele Staaten, die diesen Unsinn nicht mitmachen, lachen sich kaputt über euren Gender-Wahnsinn! Nehmt bewusst wahr, von welchen Marionetten ihr regiert werdet! Erkennt die Fäden, an denen sie hängen und erpresst werden, zu einer vollkommen irrsinnigen Politik, die nichts, aber auch gar nichts für das Wohl des eigenen Volkes tut! Seid gesegnet, das war Konfuzius.

Dein Herz erkennt immer den „Holzweg“

Kuthumi

Geliebte Schülerinnen und Schüler des Lichtes, das ist Meister Kuthumi. Wir begrüßen euch alle ganz herzlich. Meine Lieben, die Tiere haben euch ganz gewaltig etwas voraus, sie vermögen es nämlich nicht, sich Sorgen zu machen. Kein Tier, was in der Freiheit geboren wird, kommt auf die Idee, dass es nachts keinen Unterstand findet, keine Höhle da ist oder kein gemütlicher Platz im Unterholz auf es wartet. Kein Tier würde auf die Idee kommen, dass das Futter ausgeht. Sie wähnen sich eher im Paradies.

Meine Lieben, den Mangel habt ihr als Spezies Mensch für euch gepachtet! Und wenn wir uns anschauen, was mit der Erde passiert ist, dann scheint es vernünftig zu sein, nicht allzu viel vom Leben zu erwarten. Aber genau das darf sich ändern! Werdet euch bewusst, welche Übereinkünfte ihr als Gesellschaft erschaffen habt, und überprüft für euch die Lebensqualität!

Die Arbeitspflicht, die sich in den Industrieländern immer mehr durchgesetzt hat, kam nicht über Nacht. Es mussten dafür Abgaben erschaffen werden wie beispielsweise Mieten, die nur durch regelmäßige Arbeit und ein daraus resultierendes Einkommen gestemmt werden konnten. Die Männer haben sich dafür bereit erklärt und ihre Energie in eine Firma gesteckt, während die Frauen daheim die Kinder versorgten. Eine Generation später ging bereits die Hälfte der Frauen arbeiten, und die Kinder mussten in öffentlichen Einrichtungen untergebracht werden. Auch für die Versorgung der älteren Generation, die früher ganz natürlich daheim mitversorgt wurde, gab es plötzlich keine Kapazitäten mehr, weil Geld verdienen und Rentenpunkte sammeln wichtiger war. Also wurden Altenheime erschaffen.

Kinderkrippen, Kindertagesstätten und Pflegeheime wurden euch als moderne, soziale Errungenschaften verkauft. Und in Deutschland spart ihr am allermeisten an den Sozialleistungen. Wenn wir sehen, wie eure Pflegeheime und Krankenhäuser mit Personal und Mitteln ausgestattet sind, dann geht es heute nur noch

darum, Gewinn abzuziehen. Mittlerweile ist es so, dass selbst die Pflegeheime an der Börse gehandelt werden, dass es Aktienfonds für Altenheime gibt und Gewinne für die Aktionäre abgezogen werden.
Aber auf wessen Kosten geht das? Die alten Leute, die in so einem börsendotierten Pflegeheim untergebracht sind, liegen manchmal stundenlang in einer erkalteten Badewanne, sie sitzen manchmal ewig auf einer Toilette, weil sie vergessen wurden. Es ist keine Zeit, sie zu füttern, wenn sie bedürftig sind, oder ihnen beim Anziehen zu helfen, um das Bett zu verlassen, weil ihr das Personal so zusammengespart habt. Da gibt es Einrichtungen, in denen eine Pflegerin 16 Insassen versorgen soll. Die Heimplätze sind dafür sehr teuer und kassieren Gelder von den Angehörigen, der Pflegekasse und die Rente des Insassen. Die Hauptkassierer sind die Aktionäre, sie reiben sich die Hände über ihre satten Gewinne.

Meine Lieben, jedes Volk hat Einfluss auf die Umstände seines Lebens. Das Sozialsystem ist das Aushängeschild für die Achtung und Fairness, mit denen Politiker ihre Bürger bedenken. Solange ihr über derartige Zustände schweigt und sie in Demut erduldet, werden sie sich verschärfen!
Die Situation in börsendotierten Heimen ist unglaublich und himmelschreiend. Es wird nicht ausreichen, wenn ihr lediglich hofft, dass dieser Kelch an euch vorübergehen möge! Ihr müsst solche Zustände nicht hinnehmen! Wenn ihr eure alten Eltern aus solchen Heimen herausholt und den Platz kündigt, verändert sich sehr schnell etwas.

Eine Pflegekraft sollte maximal für drei alte Menschen zuständig sein, dann wird eine liebevolle Betreuung

möglich.
Diese Einrichtungen sind aus unserer Sicht Tempel der Herzlosigkeit und zerstören die normale, gesunde Familie, die sich gegenseitig stützt und füreinander da ist.

Könnt ihr euch noch entsinnen, wie es war, als ihr das erste Mal euer Kind im Kindergarten abgegeben habt? Es hat euch fast das Herz zerrissen und eure Seele hat euch zugerufen: „Es ist zu früh! Geht wieder nach Hause!“
Aber euer Verstand hat euch zur Vernunft geraten! Schließlich müsst ihr ja Geld verdienen! Ihr habt die kleinen Hände vom Gartenzaun gelöst und das tränenüberströmte Kind einer Fremden übergeben und euch dabei hundsmiserabel gefühlt. Nach zwei bis drei Wochen war dann der Wille des Kindes gebrochen, und es hat eingesehen, dass Weinen nichts bringt.

Meine Lieben, das alles ist nicht natürlich! Und ihr spürt es daran, dass ihr euer Herz abtöten müsst und unter einem chronisch schlechten Gewissen leidet. Es ist das Geld und die anscheinende Notwendigkeit, es zu verdienen, was euch ins System presst!
Die gute Nachricht ist: Das wird sich alles verändern! Eure tatsächlichen Werte stehen gerade auf dem Prüfstein. Wie möchtet ihr in Zukunft als Gesellschaft miteinander leben? Ist Familie euch wichtig? Möchtet ihr dabei sein, wenn eure Kinder die ersten Schritte gehen?

Rollenspiele und Masken

Kuthumi
In diesem dualen Universum, in der Polarität, seid ihr in einem Spielrahmen, der euch Möglichkeiten bietet, die außerhalb dessen nicht erfahrbar sind. Ihr spielt sozusagen Verstecken mit eurer Bewusstheit und könntet dabei in Rollen einsteigen, die ihr auf Ego-Ebene liebt, die euch aber nicht wirklich glücklich machen. Die Polarität präsentiert sich in Tag und Nacht, in weiblich und männlich, in Licht und Schatten, in reich und arm, in erfolgreich ... ihr wisst, wovon wir sprechen.
Natürlich habt ihr in diesem Inkarnationszyklus gerade in mittleren Seelenaltern auch die Polarität genossen. Wenn ihr zurückschaut in eure Vergangenheit, oder auch in der Gegenwart manche Menschen beobachtet: Da gibt es Typen, die möchten perfekt sein! Sie möchten etwas Besonderes darstellen. Sie sind erpicht darauf, Anerkennung im Außen zu finden. Und das ist deshalb so, weil sie sich diese Anerkennung nicht selbst zollen können.
Ihr alle seid irgendwann in der Vergangenheit auch einmal durch diese Phase gegangen. Und vielleicht wart ihr damals stolz auf eure gesellschaftliche Stellung. Auf das, was ihr euch angeschafft habt und was euch abgehoben hat von der übrigen Gesellschaft.
Meine Lieben, das sind Masken! Masken der Perfektion, die eure Unzulänglichkeit übertünchen sollen. Sie präsentieren künstlich nach außen: „Schaue mich, meine Klamotten, mein Haus und mein Auto an! Ich hab´s geschafft!"
Was solchen Menschen im Inneren fehlt, sind Sicherheit und Selbstliebe! Sie müssen angeben und sich mit jedem

Blick in den Spiegel selbst beweisen, dass sie etwas Besonderes sind. Ein anstrengendes Leben! Und so voller Selbstzweifel!
Nun ist es so, Selbstverleugnung, Rollenspiele und diese Masken der Perfektion verschwinden immer mehr in dieser Zeit des Wandels. Der Gesellschaft steht eine Demaskierung bevor, die bis in die höchsten Kreise reicht. Aber das ist jetzt nicht unser Thema!

Die Polarität sorgt für alle erdenklichen Erfahrungen und damit gibt es in eurem Inkarnationszyklus auch gegenteilige Erfahrungen mit denen ihr konfrontiert wurdet, mit Armut, mit Hunger, Übergriffen, anscheinender Ungerechtigkeit und Verzweiflung.
Meine Lieben, in der Polarität sind derartige Erfahrungen möglich. Aber wenn ihr durch diesen Inkarnationszyklus schreitet, dann werdet ihr allmählich mit jedem Leben immer bewusster und das bedeutet auch, dass Karma irgendwann zu Ende ist und ihr gegensteuern könnt und euren eigenen Wert in der Gesellschaft erkennt. Ihr hört dann auf zu kämpfen und nehmt euch so an, wie ihr seid! Und dann ziehen Zufriedenheit und Gerechtigkeitssinn in euer Leben ein und ihr tragt etwas zum Gemeinwohl bei, auf das ihr stolz seid. Etwas, das euch beglückt und wobei ihr Freude empfindet und dann kommt euer Dasein ins Fließen, ins Leben und ihr spürt auch, dass ihr dann immer gut versorgt seid.

Manchmal wisst ihr nicht genau, was ihr in eurem Leben tun sollt, und dann fragt ihr uns! Aber es ist nicht unsere Aufgabe, euch etwas aufzudrängen, so funktioniert das nicht! Jeder von euch kann in seinem Herzen fühlen und wahrnehmen, bei welcher Tätigkeit er total in der Mitte, in der Freude, in der inneren Bereicherung ist und das meine Lieben, ist euer persönlicher Weg zur Erfüllung und zum Glück!

Eure gesellschaftlichen Übereinkünfte, die ihr auf der Erde erschaffen habt, sind so strukturiert, dass ihr zum Beispiel den Glauben hegt, dass sich Geld vermehrt. Ihr tragt euer Geld auf die Bank, und ihr bekommt dafür Zinsen. Nun ist es nicht so, dass dieses Geld, wenn es auf einem Stapel in eurer Schublade liegt, dass es sich vermehren würde und kleinere oder größere Geldscheine produziert. Das ist nicht der Fall! Ihr könnt auch, wenn ihr einen Hunderter im Garten vergrabt und ihn ordentlich hegt und pflegt, nicht wirklich erwarten, dass daraus ein Geldbaum erwächst. Meine Lieben, Geld vermehrt sich nicht wirklich!

In Wirklichkeit ist es so, dass die Zinsen, die ihr von eurer Bank bekommt, von den Menschen gezahlt werden, die bei dieser Bank einen Kredit haben. Nun, das Ganze hat sich ziemlich zugespitzt! Das moderne Zentralbanksystem gehört heute einer einzigen Familie, bei der zum gegenwärtigen Zeitpunkt sehr viele Staaten der Welt bis zur Selbstzerstörung verschuldet sind. Es lässt sich nicht mehr retten, sondern nur abwickeln und bis in die Wurzeln zerstören! Damit nie wieder eine derartige Übernahme geschehen kann! Eine Bank gehört immer in die Hände des Staates und der Bevölkerung, die in diesem Staat lebt. Es wird in Zukunft weder die Börse noch Zinsen geben!

Meine Lieben, ihr befindet euch im Aufstieg zum goldenen Zeitalter. Die Jahre des gesellschaftlichen Wandels sind ganz besonders heftig, weil alle Lebenslügen eurer Gesellschaft mit aller Deutlichkeit ans Licht kommen. Ihr bekommt sie auf einem silbernen

Tablett präsentiert. Ihr werdet sozusagen mit der Nase darauf gedrückt, was in eurem Leben und dem gesellschaftlichen Zusammenleben nicht in Ordnung ist. Möglicherweise habt ihr euch schon früher darüber gewundert, dass ihr von euren Politikern oder Parteien wählen könnt, wen immer ihr wollt, dadurch ändert sich am Leben des Volkes rein gar nichts! Politiker haben keinerlei Macht, sie hängen an den Fäden der Superreichen und müssen das umsetzen, was ihnen von Lobbyisten oder Vermittlern weitergegeben wird. Was eure Politiker veranstalten, ist ein Theaterstück für das Volk, so nach dem Motto: Wie können wir diese neue Forderung in ein Gesetz gießen und so präsentieren, dass es alternativlos erscheint?
Nehmen wir ein Beispiel: Angenommen, aus dem Hinterzimmer kommt die Anweisung: Ab nächstes Jahr das Renteneintrittsalter auf 70 Jahre hochsetzen! Eure Politiker fragen sich dann: Wie verkaufen wir es ans Volk? Welche Begründungen fallen euch ein?

Sie geben eine Studie in Auftrag, die belegt, dass die Menschheit vor Gesundheit strotzt und ein geradezu biblisches Alter erreicht. Und dass dadurch die Rentenkassen ausgeplündert werden, weswegen die Arbeitspflicht ab sofort bis 70 gilt.
Die Medien gehören auch den Superreichen, und sie werden die Berichterstattung so gestalten, dass sie von einem leichtgläubigen Volk als Wahrheit geschluckt wird. Da aber die „Lügen-Kröten“ immer größer werden, bereitet das Schlucken dem Volk immer mehr Schwierigkeiten.
Wir haben vorhin von Demaskierung gesprochen ... was euch gesellschaftlich an Offenbarungen bevorsteht, ist gewaltig. Momentan merken viele Menschen nur, dass

sie belogen werden. Der Impfskandal und dieses Verbrechen an der Menschheit lassen sich nicht mehr unter den Teppich kehren. Vieles wird euch in diesen Jahren des gesellschaftlichen Wandels präsentiert. Dazu gehören: Der private Besitz der Zentralbank, die Skrupellosigkeit der Pharmakartelle, das falsche Bild von der Erde, die Hintergründe des Gender-Wahnsinns, warum so viele Kinder verschwinden und tausend weitere Skandale.

Die Zeit des gesellschaftlichen Wandels ist begleitet von Unsicherheit und Zweifeln, die der Einzelne in unterschiedlicher Intensität in sich selbst erlebt. Bedingt durch die Unsicherheiten und Skandale, die ans Licht kommen, wird die Gesellschaft wachgerüttelt. Das ist notwendig, sonst seid ihr nicht bereit für gesellschaftliche Veränderungen!
Meine Lieben, seid zuversichtlich, arbeitet an eurer eigenen Balance, an eurer Leichtigkeit, am Lachen, an der Zuversicht, und öffnet euch für Visionen, wie eine gerechte, friedvolle Welt beschaffen ist! Das war Kuthumi.

Der Krankheitswahn der westlichen Welt und anstehende Veränderungen

Jesus Sananda
Seid gesegnet, seid in der Liebe, das ist Jesus Sananda. In der westlichen Welt geht die Wissenschaft davon aus, dass der Mensch eine zufällige Entwicklung aus einem Primaten darstellt, die einmal vor Tausenden von Jahren stattgefunden hat, aber jetzt unerklärlicherweise nicht

mehr abläuft. Diese Ansicht hält euch eurem Wesen nach für klein und unbedeutend. Sie geht davon aus, dass ihr ein Zufallsprodukt seid, was jederzeit beschließen könnte, in die Affenfamilie zurückzukehren.

Diese Theorie ist falsch! Ihr seid geistige Wesen – erschaffen nach göttlichem Vorbild und ausgestattet mit Körper, Geist und Seele. In euch sind Kräfte angelegt, die ihr nicht einmal ansatzweise erkannt habt und gerade erst zu entdecken beginnt. Wir sprechen von eurer Gedankenkraft, die darüber bestimmt, was ihr durch eure Gedanken geistig erschafft und damit in Form von Umständen in euer Leben zieht. Ihr seid Schöpfergötter und euer Schulunterricht sollte danach ausgerichtet sein, wie ihr diese in euch schlummernde Kraft zum größten Wohl aller einzusetzen lernt.
Was ihr stattdessen lernt, sind veraltete Annahmen oder bewusst gesteuerte Fehlinformationen, die ihr mühsam auswendig lernt. Da sie durch ihre Unwahrheit keine Resonanz im Inneren erzeugen und keinen Aha-Effekt verursachen, könnt ihr sie nur auswendig lernen. Davon werden sie allerdings nicht wahrer!

Daraus folgend geht die westliche Schulmedizin von einem vollkommen unkorrekten Menschenbild aus und betrachtet den Menschen eher als ein Tier oder eine Maschine. Das ist nicht nur falsch und blendet den Geist und die Seele aus, sondern fördert darüber hinaus einen fehlerhaften Behandlungsansatz. Wenn der Mensch erschaffen ist wie eine Maschine, geht ihr in eurer Arroganz davon aus, dass ihr diese Maschine erst einmal optimieren müsst.
Kaum ist ein Baby geboren, wird seine Gesundheit mit Impfungen traktiert. Was im Mittelalter bei den Ärzten der

Ziegendung auf der frischen Wunde war, das sind heute die Impfungen! Sie verursachen mehr Schaden als Segen – aber diesen Lernschritt durchlauft ihr gerade! Selbst wenn der Empfänger direkt nach der Impfung eine Krankheit entwickelt, seid ihr häufig nicht bereit, die Zusammenhänge zu erkennen. Selbst wenn ein Kleinkind am plötzlichen Kindstod stirbt, schaut ihr nicht, was davor stattgefunden hat.

Mit einer unglaublichen Borniertheit haltet ihr am Althergebrachten fest und bekämpft jeden neuen Gedanken, jede neue Erfindung und jeden alternativen Weg. Ihr bekämpft die Natur mit Pestiziden und glaubt, dass ihr damit eure Ernten perfektioniert – in Wirklichkeit vergiftet ihr die Grundbestandteile eurer Nahrungskette und damit euch selbst.
Eure Nutztier-Industrie geht davon aus, dass Tiere keine Seele haben und damit nicht fähig sind, Gefühle zu entwickeln oder Schmerz zu empfinden. Das ist einfach alternativlos dumm und gehört dringend verändert!
Alles, was lebt, ist ausgestattet mit Bewusstsein, Empfindungen und einer Seele. Jede Mücke kann beim Fliegen Freiheit empfinden. Jeder Hund freut sich, wenn sein Herrchen kommt. Jeder Mensch ist fähig Liebe zu empfinden, aber ihr habt einen freien Willen und könnt euer Herz verschließen und am selbsterzeugten Elend verzweifeln.

Meine Lieben, es wird Zeit, dass ihr euer Bewusstsein entdeckt, es wird Zeit, dass ihr euer Herz öffnet und alle gesellschaftlichen Vereinbarungen, die nicht im Einklang mit der Liebe sind, verändert. Verweigert euch, herzlos zu agieren! Beginnt dabei bei euch selbst. Was tut ihr für die

Gesellschaft? Was tut ihr für eure Kinder und die Familie? Welchen Anteil bringt ihr ein, um das Leben aller zu bereichern? Seid ihr dabei im Einklang mit eurem Herzen? Entsprechen eure Handlungen einer entwickelten Gesellschaft oder lebt ihr einen Deal?
Die Veränderungen in eurer Gesellschaft laufen jetzt ab, auch für diejenigen, die nichts davon wissen!

Im Moment bilden sich überall Gruppen von Gleichgesinnten, die gemeinsam Lösungen für Probleme finden. Sie unterrichten ihre Kinder zu Hause, da der Schulunterricht unzumutbar geworden ist. Um das zu erreichen, tun sie sich mit anderen Eltern und freigestellten Lehrern zusammen. Andere holen ihre pflegebedürftigen Eltern aus dem Pflegeheim nach Hause, weil die Zustände in börsennotierten Anstalten katastrophale Ausmaße annehmen. Das Pflegepersonal ist so zusammengestrichen, dass schon bald ganze Kliniken schließen könnten und die Patienten in die Obhut ihrer Angehörigen entlassen werden.

Das westliche Gesundheitssystem hat sich verrannt, es steht seit Jahren unter der Doktrin der Pharmaindustrie, ist auf Sparkurs und Profitoptimierung ausgelegt. Die Pharmaindustrie beschäftigt eine ganze Armee von Vertretern und Lobbyisten, die Ärzte, Krankenhäuser und Regierungen belästigen und nichts anderes zu tun haben, als ihren neuesten Cocktail anzupreisen, Verkaufszahlen und steigern und unterstützende Gesetze einzubringen.
Als Krönung ihres Verbrechens hat sie jetzt auch noch diesen unsäglichen mRNA-Impfstoff ahnungslosen und fehlinformierten Menschen verabreicht. Diesbezüglich stehen euch in den nächsten Monaten und Jahren

Skandale ins Haus, die vielen Geimpften das Leben kosten könnten. Sie opfern sich für die Veränderung, so dass dieser massive Eingriff in das körpereigene Immunsystem in der Zukunft jede Chance verspielt hat. Die Pharmaindustrie verändert sich mit einem Paukenschlag, und das ist gut so!

Das bedeutet natürlich nicht, dass jeder Geimpfte zwangsläufig und kurzfristig stirbt. Jede Seele hat einen individuellen Seelenplan, der nicht durch eine Fehlentscheidung vereitelt wird. Viele Geimpfte bekommen Nebenwirkungen oder heftige Krankheitssymptome, die dann behandelt und damit auch ausgeleitet werden. Und diese Erfahrung schult künftige Entscheidungen.
Die Krankenversicherungen, die sich von der Pharmaindustrie die Behandlungsmethoden diktieren lassen, verweigern die Übernahme der Behandlungskosten bei Nebenwirkungen. Sie werden bald ohne Mitglieder dastehen! Ihr seid in einer massiven Veränderung, in der anscheinend keine gesellschaftliche Vereinbarung so bleibt, wie sie schon immer war. Und das ist gut so! Ihr habt etwas Besseres verdient!

Wir wissen, dass das für euch nicht einfach ist. Ihr seid körperlich und geistig anwesend in diesem irdischen Chaos und bekommt von überall her Informationen, die häufig konträr sind.
Wenn wir euch jetzt sagen: „Erhöht eure Schwingung, lacht und seid gnadenlos glücklich“, dann ist das in dieser massiven Veränderungsphase nicht für jeden leicht umsetzbar. Schaut euch an, wie viele Informationen ihr konsumiert, und was sie mit eurem inneren Gleichgewicht anstellen! Es ist nicht notwendig, 20

Variationen einer Negativ-Nachricht zu konsumieren! Baut euch selbst auf, indem ihr eure Lieblingsmusik hört und mitsingt, indem ihr Freunde trefft und miteinander lacht oder ihr meditiert und erschafft in euch täglich mehrfach Lebensfreude. Ihr seid Schöpfergötter, und noch nie war die Resonanz eurer Vorstellungskraft schneller umsetzbar als heute. Schon deshalb sind euer Bauchgefühl und die Verbindung zum Hohen Selbst so überaus wichtig! Wer sie pflegt, wird wissen, welche Entscheidungen für ihn persönlich richtig sind und was er vermeiden sollte. Euer Bauchgefühl stärkt sich durch innere Harmonie und Gefühle der Geborgenheit. Versetzt euch in eine hohe Schwingung, bevor ihr in den Tag startet!

Ihr benötigt diese innere Klarheit für gewichtige Entscheidungen! Die alles entscheidende Frage ist: Wie verhält sich die Bevölkerung?
Werdet ihr die von der Weltdiktatur vorgegebenen Maßnahmen umsetzen? Habt ihr eure Gäste nach dem Impfstatus gefragt und die Hälfte eurer Kunden vertrieben? Würdet ihr das wiederholen? Werdet ihr euch in der Schlange anstellen, wenn demnächst eine Impfung gegen Erdbeben angepriesen wird? Werden die Ordnungshüter friedliche Demonstranten attackieren? Werdet ihr eure Söhne zur militärischen Ausbildung schicken? Werdet ihr euch den Lohn kürzen lassen? Werdet ihr die Zwangsgebühr fürs Fernsehen entrichten und damit eure eigene Gehirnwäsche bezahlen? Werdet ihr exorbitante Energiekosten hinnehmen und euer Häuschen nach den neuesten EU-Richtlinien sanieren?
Ihr alle seid in irgendeiner Weise ein Rädchen in diesem System, und euer Verhalten bestimmt über die Zukunft der Erde! Jeder Einzelne von euch ist überaus machtvoll!

Und wenn ihr wisst, was ihr möchtet, dann sprecht es aus! Seid der Sand im Getriebe!
Diese angestrebte Weltdiktatur kann nur überleben, wenn es in der Bevölkerung Unterstützer gibt, die bereit sind, die Maßnahmen umzusetzen! Die Handlanger der Weltdiktatur laden sich neues Karma auf, aber die Wahrscheinlichkeit ist groß, dass sie in sehr kurzer Zeit dafür zur Rechenschaft gezogen werden.

Wir rufen jeden Einzelnen von euch dazu auf, eure Entscheidungen mit dem Herzen abzuklären. Und dann handelt so, dass ihr auch nächstes Jahr noch in den Spiegel schauen könnt. Handelt so, wie ein Mensch mit einem großen Herzen handeln würde! Ihr dürft jetzt zusammenhalten!
Fühlt die Masse der erwachten Menschen, dann kommt ihr in eine unglaublich hochschwingende Energie, die pures Veränderungspotenzial ist. Verhaftet die Tyrannen und baut eine friedliche Gesellschaft auf! Die gesamte geistige Welt unterstützt euch energetisch dabei und manchmal könnt ihr diese Lichtenergie sogar sehen!
Seid gesegnet und spürt die Herzenergie, die euch verbindet! Das war Jesus Sananda. Ich übergebe an Meister Konfuzius.

Frage:
Ich hatte früher die Überzeugung, dass Impfungen eine positive Erfindung sind, weil dadurch viele Krankheiten gar nicht zum Zuge kommen und der Körper immun dagegen wird. Könnt ihr dazu etwas sagen?

Konfuzius
Das können wir nicht bestätigen! Gut, wir werden da etwas differenzieren: Zu den Zeiten, als ihr gegen eine

Krankheit immunisiert wurdet durch eine Schnupf-, Schluck- oder Spritzimpfung, hat sich euer Körper gegen dieses Leiden gewehrt und wurde anscheinend lebenslang immun. Die Pharmaindustrie hat euch das als Riesenerfolg verkauft. Die Schäden, die dabei entstanden, wurden unter den Teppich gekehrt.
Entscheidenden Einfluss auf eure Gesundheit hat auch die Lebensqualität, und die ist abhängig von den Hygiene- und Wohnbedingungen eines Menschen und von seinem Lebenswillen. Hat ein Mensch mit dem eigenen Leben abgeschlossen, beginnt er sich zu vernachlässigen oder auch zu schädigen.

Mittlerweile ist es so, dass ihr einen Cocktail aus unterschiedlichsten Erkrankungen und giftigen Reizmitteln wie Aluminium, Phenol, Formaldehyd und Quecksilber gespritzt bekommt, und dabei wird die Gesundheit nachhaltig geschädigt. Die Kinder werden unmittelbar nach der Impfung krank, sie durchlaufen schwerste Krankheiten wie Hirnhautentzündung, währenddessen sie vor Schmerz schreien, manche sterben oder werden zum Pflegefall. Andere verändern ihre Persönlichkeit, werden langsamer in der Entwicklung und sind entweder ständig krank oder entwickeln neue Erkrankungen wie ADHS.

Es geschieht nicht zum Wohle der Gesundheit, sondern zur Gewinnoptimierung der Pharmaindustrie! Und die Steigerung dessen ist die mRNA-Impfung, weil sie direkt in die Zelle eindringt und euer körpereigenes Immunsystem schädigt.

Das Verbrechen an der Menschheit

Konfuzius
Meine Lieben, ihr hattet 2020 eine ganz normale Grippesaison, die euch als Pandemie verkauft wurde. Es wurden Lockdowns und Masken verhängt und manche Orte hatten sogar Ausgangssperren. Das Ganze wäre als Schutz der Bevölkerung oder als Eindämmung von Irgendwas nicht nötig gewesen.
Aber die Pharmakartelle und die WHO haben sich gesagt, nachdem sie bei der Schweinegrippe-Impfung regelrecht ausgelacht wurden, und nur sehr wenige darauf hereingefallen sind. Das nächste Mal müssen wir die Gefahr deutlicher machen, sonst müssen wir wieder den gesamten Impfstoff entsorgen.

Könnt ihr euch erinnern an die Spanische Grippe? Das war auch ein schief gelaufenes Impfexperiment mit letztlich 50 Millionen Toten. So viele Tote hatte der Erste Weltkrieg nicht verursacht. Und mit Spanien hatte die Grippe rein gar nichts zu tun. Sie hätte auch heißen können: „Die amerikanische Soldatenimpfung“, die später auch in Europa verimpft wurde.

Euch werden auch heute Impfungen empfohlen, aber nicht aus der geistigen Welt! Ihr seid ausgestattet mit einem gottgegebenen, körpereigenen Immunsystem, was vollautomatisch funktioniert. Wenn ihr morgens aus dem Bett steigt, müsst ihr nicht euren Herzschlag neu regeln oder euren Körper erinnern, dass er atmen muss. Es läuft alles vollautomatisch. Euer Körper weiß, wie er verdaut und

Wunden heilt. Ihr habt körpereigene Abwehrkräfte. Eure weißen Blutkörperchen werden aktiv, sobald sie spüren, da ist ein Eindringling – mein Mensch hat sich eine Erkältung eingefangen. Dann werden eure körpereigenen Abwehrkräfte vollautomatisch aktiv.

So ist es bei allem, was da von außen kommt – sogar bei sogenannten Viren. Eure Abwehrkräfte stellen sich auch auf jeden Mutanten ein, ob der nun aus Afrika oder Südamerika oder vom Mond kommt, das ist vollkommen egal. Das Einzige, was eure körpereigenen Abwehrkräfte stoppen kann, ist die Lebensunlust des Körperbesitzers! Wenn du deine Lebensfreude verlierst und dir wünschst tot zu sein, dann hat das Einfluss auf die Arbeitsweise deines Immunsystems. Es wird dann heruntergefahren und dein Körper automatisch mit Krankheiten konfrontiert.

Aus diesem Grund solltet ihr jede medizinische Behandlung unbedingt auf eine ganzheitliche Sichtweise, die nicht nur den Körper, sondern den Menschen als schöpferisches Wesen mit einbezieht, erweitern. In vielen Ländern gibt es das schon.
Was aber durch die Impfung geschieht, ist Folgendes: Es gibt einen Impfstoff mit der Bezeichnung mRNA, das ist eine Neuentwicklung, die in die Zelle vordringt und euer gottgegebenes Immunsystem überschreibt. Außerdem ist der Impfstoff mit Graphenoxid – das sind Nanopartikel aus Graphit – versetzt.
Damit kommen eure körpereigenen Abwehrkräfte nicht klar. Sie versuchen, die scharfkantigen Fremdkörper zu ummanteln, was zur Verklumpung des Blutes führt. Es kann zu Thrombosen, Infarkten und Herzstillstand führen. Die gute Nachricht ist: Es sind etwa 30% Placebos

verimpft worden.
Wenn ihr also nach der Impfung keinerlei Erkrankungen hattet, ist die Chance groß, dass ihr das Placebo bekommen habt.

Normalerweise ist es so, euer Körper reagiert, wenn von außen ein Bazillus kommt, und geht in den Kampfmodus, häufig ohne dass ihr es merkt und vertreibt den Eindringling. Das ist normal! Danach gibt es eine Pause. Eure Abwehrkräfte sonnen sich, tanken wieder Energie, erholen sich und sind in der Ruhe.
Durch die mRNA-Impfung fällt dieser Ruhemodus weg. Eure körpereigenen Abwehrkräfte sind in einer Schlacht ohne Ende. Und das kann zu einem plötzlichen Tod führen! Aus diesem Grund sprechen wir von einem Verbrechen an der Menschheit!
Ihr habt seit dieser Impfung eine weltweite Übersterblichkeit. Viele Föten gehen ab und Frauen haben Probleme mit ihrer Periode oder Schwierigkeiten ein Kind zu empfangen. Ihr habt seither eine Krankheitsrate, die nie zuvor erreicht wurde.
Wirklich bewusste Menschen haben sich dieses Zeug nicht spritzen lassen! Aber wir wissen auch, wie sehr ihr in einzelnen Ländern unter Druck gesetzt wurdet. Eigentlich hätte euch ein Kronleuchter aufgehen müssen, wenn ihr bedenkt, wie sehr diese Spritze beworben und mit finanziellen Anreizen angepriesen wurde! Da gibt es noch viel aufzuarbeiten!

Es gibt verschiedene Möglichkeiten der Ausleitung. Wir nennen nur drei: CDL, hochdosiertes Vitamin C und Zeolith. Erkundigt euch bei alternativen Heilern. Ruft euch Erzengel Raphael. Erzengel Raphael kann

zusammen mit eurem göttlichen Hohen Selbst in eure Gesundheit eingreifen, so dass eine verabreichte Impfung, die ihr im Nachhinein als Fehler erkennt, unschädlich gemacht werden kann. Wie geht das? Schließt eure Augen, ruft euer Hohes Selbst und Erzengel Raphael und erklärt ihnen gedanklich oder auch laut, was ihr vermutet, wie eure Lage ist und welchen Zustand ihr erreichen möchtet! Idealerweise bevor ihr abends zu Bett geht.
Beachtet aber, das funktioniert nicht mehr bei einem Impf-Abo! Ihr habt einen freien Willen und seid lernfähig! Die geistige Welt ist nicht dafür da, wiederholte, bewusste und leichtfertige Entscheidungen auszugleichen. Das dürft ihr beachten, es ist wichtig!

Alle irdischen Verbrecher, die durch Lügen oder Geldgier diese Impfung durchgedrückt haben, werden zur Verantwortung gezogen! Die Prozesse haben weltweit betrachtet bereits begonnen!

Ihr befindet euch auf der Erde in einem Prozess des Erwachens und viele, die jetzt noch schlafen, werden sehr unsanft wachgerüttelt. Das geht auch einher mit dramatischen Schicksalsschlägen. Ihr habt seit 2021 eine Übersterblichkeit, die das Resultat der Impfung ist. Unter dem Begriff „plötzlich und unerwartet“ verabschieden sich viele Seelen aus der irdischen Welt. Sie kehren heim in ihre geistige Heimat und werden im Jenseits wieder vollkommen gesund. Das solltet ihr wissen!

Wir möchten gerne noch etwas zum Thema „Impfstoff-Shedding“ erklären:
Verschiedene Ärzte gehen von der These aus, dass eine Impfung, die in den Oberarm verabreicht wird, an dieser

Stelle verbleibt. Und das stimmt nicht! Euer Körper ist angefüllt mit Blut, welches über die Arterien, Adern und Kapillaren den gesamten Körper, alle Organe und die Muskulatur mit Nährstoffen versorgt. Das bedeutet, bei einer Spritze oder Impfung verteilt sich der Wirkstoff innerhalb von Stunden im gesamten Körper, innerhalb von mehreren Stunden oder Tagen – das ist abhängig vom Stoffwechsel des Einzelnen – in allen Organen und gelangt dann auch in die Aura des Geimpften. Das heißt, das Mittel strahlt über den Körper hinaus in die Umwelt ab. Bei intensivem Körperkontakt, zum Beispiel beim Sex oder wenn eine Mutter einen Säugling stillt, wird die Wirkung des Impfstoffes in abgeschwächter Form sofort weitergegeben.
Ebenso findet eine „Schattenübertragung" bei Körperkontakt durch Streicheln und Umarmen statt. Kleinkinder, die häufig die Nähe zu ihren Eltern suchen, könnten dabei Krankheitssymptome entwickeln, ebenso Haustiere. Über den Aurakontakt einer geimpften Person findet eine abgeschwächte Übertragung auf den ungeimpften Empfänger statt.
Ist der Empfänger gesund, wird sein System die Übertragung innerhalb von Stunden verarbeitet und ausgeleitet haben. Anders sieht es bei kranken Empfängern aus, da könnte die Übertragung zu ernsthaften Krankheiten führen. Versorgt euch mit Vitaminen und natürlichen Gegenmitteln. Diese Schattenübertragung lässt nach circa zwei bis vier Wochen nach.

Gut, meine Lieben, das wollten wir euch mitteilen, und jetzt gehen wir über zum Thema:

Körper, Geist und Seele – wie funktioniert Heilung in der Zukunft

Konfuzius
Jeder gesunde Mensch verfügt über körpereigene Selbstheilungskräfte, die ihr alle schon beobachtet habt, wenn ihr euch in den Finger geschnitten, das Knie aufgeschürft oder einen Schnupfen hattet. In euch gibt es eine Instanz, die sehr genau weiß, wie sie den Körper wieder gesund macht und das geschieht vollautomatisch. Ihr alle seid also ausgestattet mit einem inneren Programm, was ganz natürlich heilen kann und im Unterbewusstsein automatisch abläuft. Keiner von euch muss sich daran erinnern zu atmen, das Essen zu verdauen oder das Blut durch die Adern zu pumpen – euer körpereigenes Immunsystem tut das für euch vollautomatisch. Im Falle von Bakterien und Viren verfährt euer körpereigener Heiler im Übrigen genauso. Das Virus wird von der Körperpolizei als Eindringling entdeckt und bekämpft, bis es wieder verschwunden ist. Was wir damit sagen wollen, ist: Euer Körper kann sehr gut selbständig mit Viren, mutierten Viren, Bakterien und allen ansteckenden Krankheiten umgehen. Jedenfalls Impfungen sind dafür nicht notwendig!

Woher kommt der plötzliche Kindestod oder, wie es heute vorkommt, der plötzliche Erwachsenentod? Dieses Gift wird euch als Segen verkauft! Es ist wirklich unglaublich! Interessant wäre es zu fragen:
Warum steckt sich einer an und der andere bleibt vollkommen unberührt und gesund? Was macht Gesundheit aus? Warum strotzt der eine vor Gesundheit, und der andere schlägt sich ständig mit Krankheiten herum?
Jeder Mensch verfügt über körpereigene Abwehrkräfte.

Diese werden gestärkt durch gesunde Ernährung, Bewegung, innere Zuversicht und Lebensfreude. Normalerweise nehmt ihr Vitamine, Mineralien und Botenstoffe über die Ernährung auf. Nur sind eure auf billig und schnell produzierten Lebensmittel heute frei von Vitaminen und lebensnotwendigen Mineralien. Sie sind befreit vom Fett, was wichtig für euer Gehirn wäre, und dafür sind sie ein mit Zucker und Gewürzen angereicherter Füllstoff. Deshalb leiden viele unter chronischem Hungergefühl, weil der Körper nicht das bekommt, was er eigentlich aus der Nahrung herausziehen möchte.
Heute seid ihr darauf angewiesen, euren Körper mit Mineralien und Vitaminen zu versorgen, damit er gesund, leistungsfähig und geistig fit bleibt. Viele Menschen leiden unter Mangelerscheinungen, die vor allem im fortgeschrittenen Alter gesundheitliche Probleme verursachen können.

Wie baut sich nun ein gesunder Organismus auf? Wenn ihr in einen neuen Babykörper einzieht, bringt ihr etwas mit, und das sind eure höchstpersönlichen Erfahrungen mit Krankheiten und Behandlungen aus früheren Leben. Ihr werdet von eurem Elternhaus geprägt und meldet auch vor der Geburt bereits an, welche Behandlung ihr bevorzugt. Es könnte sein, dass eure Eltern mit euch zum Homöopathen gehen, weil ihr ein schwächliches Kind sein und schon im zarten Alter von wenigen Monaten mit Kinderkrankheiten startet. Als ihr das letzte Mal auf der Erde wart, ist euer alternder Körper an einem Gebrechen gestorben.
Dafür ein Beispiel: Angenommen, euer letzter irdischer Körper bekam mit 85 Jahren nach einem langen, erfüllten Leben eine Lungenentzündung und starb daran. Dann

gibt es im neuen Körper eine Zellerinnerung daran, die sich so auswirken könnte, dass als erstes diese Schwachstelle neutralisiert wird. Das heißt, ihr bekommt Keuchhusten und erfahrt durch die natürliche Heilung desselben eine Neutralisierung. Euer Körper hat die Schlacht gegen die Krankheit diesmal gewonnen, und das stärkt euer Immunsystem. Die Schwachstelle wird gelöscht.

Ihr braucht die Erfahrung von erfolgreicher Heilung. Durch die Kinderkrankheiten und ihren natürlichen Umgang mit ihnen wird euer Körper stark, und euer innerer Heiler wird geschult. Durch Wadenwickel bei Fieber und pflanzliche oder homöopathische Medikamente und Vitamine werdet ihr stark. Jede erfolgreiche Schlacht eures kleinen Körpers wird in eurer Zellerinnerung verzeichnet und dient fortan einer stabilen Gesundheit.

Gesundheit ist euer natürlicher Zustand! Wenn ihr jung seid und Sport treibt, habt ihr häufig das Gefühl, ihr strotzt nur so vor Energie und könntet die Welt aus den Angeln heben. Und diese Energie möchte sinnvolle Erfahrungen sammeln, sie möchte interessante Dinge lernen, sich ausprobieren ... schwimmen, tauchen, segeln, Autofahren, in einer Band spielen, tanzen, reisen, Tiere betreuen, handwerklich sein, kochen, auf einer Bühne stehen, eine Skulptur modellieren, mehrschichtig malen lernen, mit anderen diskutieren, die Welt verbessern, die Sterne beobachten, durch ein Mikroskop sehen, die Wahrheit selbst herausfinden, Abenteuer erleben, meditieren, frühere Leben erkunden, Offenheit, Gemeinschaftssinn und Herzlichkeit erfahren, lernen wie man mit Lebensherausforderungen umgeht und tausend

weitere Dinge. Diese Energie will alles – nur kein Schubladenleben, keine Langeweile, kein stumpfsinniges Auswendiglernen, keinen Leistungsdruck und keine unnützen Masken vor dem Gesicht.
Meine Lieben, eure Schulen gehören dringend reformiert und die Lehrpläne auf Sinnhaftigkeit überprüft. Was ihr braucht, das ist Veränderung, und sie greift immer mehr.

Kommen wir zum Thema Gesundheit zurück: Alles, was lebendig ist, schwingt in einer bestimmten Frequenz. Und diese Frequenz ist von Bedeutung!
Wenn ihr glücklich seid, zufrieden und voller Zuversicht, dann hat euer Körper eine hohe Schwingung. Wenn ihr unglücklich seid, durch eine Krise geht, nicht wisst, wie es weitergeht in eurem Leben, dann hat euer Körper eine niedrige Schwingung. Nun wird jeder von euch im Laufe seines Lebens von Herausforderungen heimgesucht, und sobald ihr dafür die Lösung gefunden habt, steht eurem inneren Glück nichts im Wege als nur die Erinnerung, der Vergleich mit früher und die Bewertung der Gegenwart oder die Angst vor der Zukunft. Um Unglück zu erzeugen, müsst ihr also in eurem Kopf das sichere Hier und Jetzt verlassen, euch im Leid der Vergangenheit suhlen oder eine Drohkulisse von einer niederschmetternden Zukunft aufbauen. Mit anderen Worten: In den Frieden zurückfinden könnt ihr immer nur in der Gegenwart – im Jetzt!

Viele Menschen kennen den Zustand des Flow – einen Seinszustand des absoluten Glücks, höchster Zufriedenheit und Verbundenheit mit dem Himmel. Wenn ihr im Flow seid, bleibt die Zeit stehen, alles Weltliche, was ansonsten euer Leben ausmacht, verliert an Bedeutung, weil ihr eins seid mit eurer Seele. Kleine Kinder erfahren

diese Verbindung ganz natürlich beim Spielen, sie sind dann eingefangen in ihrer eigenen Blase der Zufriedenheit. Häufig haben sie dabei unsichtbaren Besuch aus der geistigen Welt, der mitspielt.
Sportler kennen den Flow, wenn sie über ihre Leistungsgrenzen gehen und in der darauffolgenden Stille das Gehirn Glückshormone ausschüttet.
Künstler kennen den Zustand des Flow, wenn sie beseelt sind von einer neuen Idee, in die Aktion gehen und etwas Neues erschaffen. Sie sind dann erfüllt von Inspiration und Tatendrang, vergessen zu essen und arbeiten wie besessen an einem neuen Projekt. Auch sie sind verbunden mit dem Geistigen und gebären etwas Neues.Meditierende kennen den Flow, wenn sie einen bestimmten Entspannungszustand erreichen, dann fällt in ihnen eine Mauer ein und sie sind verbunden mit dem Licht und allem, was ist und sie hoffen, dass dieser begnadete Zustand ewig anhält.

Es ist in eurer herausfordernden Zeit überaus wichtig, dass ihr lernt euren inneren Zustand positiv und selbstbestimmt zu wählen und wiederherzustellen.
Ihr seid Schöpfergötter, denkt groß! Entdeckt eure einschränkenden Erwartungen und die gedankliche Selbstbegrenzung. Es geht nicht darum, dass ihr perfekt seid und stets großartig denkt. Es geht eher darum, dass ihr es bemerkt, wenn ihr euch selber gerade einschränkt. Dann denkt noch einmal und verändert eure Sichtweise! Macht euch gegenseitig liebevoll auf diesen Mangel in euren Überzeugungen aufmerksam und korrigiert ihn. In dieser Zeit geht es auch sehr stark um das Wir-Bewusstsein – um eure Gemeinschaft mit Gleichgesinnten. Tut euch zusammen, unterstützt euch gegenseitig und lasst euer Herz sprechen bei allen

Entscheidungen, die anstehen. Entscheidet euch für den langfristigen Nutzen und nicht für eine kurze, vermeintliche Freiheit, die keine ist!

Wir wissen, dass ihr in einer Zeit lebt, die sehr herausfordernd ist. Die Eliten üben in der westlichen Welt über eure Politiker eine massive Macht aus, die Finanzmärkte und globalen Versorgungsketten sind am Zusammenbrechen, ihr wurdet eingesperrt durch ein Virus, das früher Grippe hieß und ganz natürlich war. Ihr werdet erpresst und genötigt, euch impfen zu lassen. Und ihr erfahrt von uns und den alternativen Medien, dass dieser Impfstoff sehr schädlich sein kann und im Falle von mRNA das körpereigene Immunsystem schwer beeinträchtigen kann. Aber der Impfstoff ist ausleitbar, sobald ihr dafür bereit seid. Ihr werdet bestrahlt mit 5G und von euren Arbeitgebern häufig ausgenutzt. Und dann kommen wir und sagen euch: „Bleibt in eurer Mitte!“ Das ist schon fast eine Zumutung!

Und wir möchten euch an dieser Stelle sagen, dass wir jeden Einzelnen von euch, der sich bemüht, sein Gleichgewicht zu halten und auch noch die Zeit findet zu meditieren, unendlich bewundern! Wir möchten euch Mut machen – haltet durch! Die Zeit der Verwirrung und der Bevormundung kehrt sich schon bald ins Gegenteil – und ihr werdet eines Tages froh sein, dass ihr verschiedenen Angeboten widerstanden und durchgehalten habt.

Über die Pharmaindustrie wird sich ein Skandal entfalten, der den Contergan-Skandal tausendfach in den Schatten stellt. Gleichzeitig erfahrt ihr über die alternativen Medien von vielen Stoffen und Pflanzen aus der Natur, die sehr wenig kosten, sehr effektiv sind und frei von Nebenwirkungen helfen. Eure Welt wird im wahrsten Sinne des Wortes umgekrempelt und in etwas Besseres, Gerechteres verwandelt!

Überall auf diesem Planeten gibt es Menschen, die erwacht sind und erkannt haben, dass hier etwas total falsch läuft. Sie umgehen unsinnige Vorgaben, handeln aus dem Herzen, verabreichen Wirkstoffe, die tatsächlich helfen und stehen ihren Kollegen bei. Wir wissen, wie sehr ihr mit eurem Gewissen ringt und ermuntern euch: Macht das, was euer Herz in diesem Moment sagt!
Es laufen viele Anklagen von mutigen Anwälten, die wie David gegen Goliath in einen ungleichen Kampf ziehen. Wisset, dass ihr nicht allein seid und überall auf der Welt und in jeder Stadt Unterstützer habt. Es gibt eine riesengroße Welle, und die Menschen auf der Straße bewirken den Umbruch.

Die Medizin der Zukunft besinnt sich zurück auf die Natur und die wirkliche Heilung des Menschen. Sie schließt Körper, Geist und Seele sowie die neuesten Forschungen aus der Quantenphysik, die Bedeutung von Schwingungen und Musik, mit ein.

Eure momentane medizinische Ausrichtung ist sehr von der Pharmaindustrie dominiert. Sie verdient sehr gut an Krankheiten und dient vor allen Dingen den Aktionären. Heilung ist in Wirklichkeit eher einfach und preisgünstig. Viele Menschen wenden sich aufgrund des Impfskandales von der Pharmaindustrie ab, verlassen die Krankenkasse und übernehmen die Selbstverantwortung für ihren Körper und die Gesundheit. Dieser Prozess hat gerade begonnen. Glaubt an euch und folgt eurer inneren Stimme. Sie wird euch leiten und beschützen! Wendet euch, wenn ihr Hilfe braucht, an die Erzengel und aufgestiegenen Meister. Wir sind da und unterstützen euch gern! Seid gesegnet und in Gesundheit und Liebe, das war Konfuzius.

„Kröten der Wissenschaft“

Jesus Sananda

Meine Lieben, man hat euch gelehrt, die Erde sei ein Ball, um den sich Kontinente, Meere und Seen winden. Es ist uns bewusst, dass dieses Kapitel für viele eine Herausforderung wird und wir bedanken uns bei jedem, der es trotzdem liest. Ihr alle kennt einen Globus, die sogenannte Kugelerde, auf dem ihr schauen könnt, wo Europa ist, wo Afrika, Asien, Australien, Süd- und Nordamerika und die Pole liegen. In den 1970er Jahren wurden euch vermeintliche Fotos aus dem Weltraum präsentiert mit der Bezeichnung „Die blaue Murmel“, die das Kugelmodell untermauerten. Nur sind es keine Aufnahmen aus dem Weltraum, sondern Bilder, die am Computer erstellt wurden.

Wir wissen durchaus, dass das, was wir euch jetzt erzählen für die meisten harter Tobak ist. Aber wenn ihr bereit seid, dann würden wir gern mit euch ein paar Fragen erörtern!

Eure Wissenschaftler sagen also, die Erde ist ein Ball. Die Kontinente, die Meere wölben sich darum und werden von der Schwerkraft an Ort und Stelle gehalten. Dieser Ball dreht sich einmal am Tag um die eigene Achse. In 24 Stunden dreht sich die Erde einmal um sich selbst. Spürt ihr von dieser Drehbewegung irgendetwas?

Die Wahrscheinlichkeit ist gering.

Eure Wolken bewegen sich in alle vier Himmelsrichtungen. Müssten sie nicht alle nach Westen ziehen und von der Drehbewegung zurückgelassen werden? Eure Kompassnadel zeigt kontinuierlich nach Norden. Wenn ihr in Australien seid, was nach eurem Ballmodell in der südlichen Hemisphäre liegt, dann zeigt auch dort die Kompassnadel nach Norden. Die Frage ist: Warum? Wenn es zwei Pole gibt, und sie sind beide magnetisch, wieso zeigt die Kompassnadel in Australien nicht zum Südpol?

Meine Lieben, der Nordpol ist der Mittelpunkt der Welt. Dort findet ihr den Magnetfelsen, der energetisch verbunden ist mit dem Nordstern, um den sich alle Sterne drehen. Ihr lebt auf einer flachen, bewohnten Ebene mit Bergen, Inseln, Kontinenten und Meeren. Fragt die Piloten, sie wissen es! Wenn ihr Wasser in eine Schüssel gießt oder in einen Eimer schöpft, dann bildet die Wasseroberfläche immer einen glatten Spiegel. Ihr habt sogar ein Werkzeug, das sich Wasserwaage nennt, mit dem ihr gerade Linien an die Wand zeichnen könnt.
Falls sich das Wasser um die Erde wölben würde, müsste dann dieser Wasserspiegel in der Schüssel nicht einen Bogen nach oben aufweisen? Müsste das Wasser in der Wasserwaage nicht eine Wölbung haben? Aber sie ist glatt. Wie erklärt ihr euch das?

Meine Lieben, kehren wir noch einmal zu diesem Modell der Kugelerde zurück. Sie dreht sich also einmal am Tag innerhalb von 24 Stunden um die eigene Achse. Sie dreht sich von West nach Ost und nach 24 Stunden hat sie eine volle Umdrehung geschafft. Eure Wissenschaftler haben gemessen, dass der Umfang der Erde circa 40.000 Kilometer beträgt.

Die Erde legt also in 24 Stunden 40.000 Kilometer zurück, um sich einmal im Kreis zu drehen. Das ergibt einen Stundenkilometerwert von 1.666! Mit dieser Geschwindigkeit dreht sich die Erde um die eigene Achse. Und wir fragen euch noch einmal: Spürt ihr das? Merkt ihr davon etwas?

Meine Lieben, wir wissen, dass gerade das Bild der Erde, was euch von klein auf immer wieder vermittelt wurde, dass das schwer zu schlucken ist. Wir wissen durchaus, dass ihr gern das Buch gegen die Wand werfen möchtet und sich gerade bei einigen symbolisch die Fußnägel aufrollen.

Es ist eine Herausforderung! Und deshalb sagen wir euch: Überprüft es selbst! Geht in die Natur, steigt auf einen Berg, schaut in die Ferne. Was seht ihr? Könnt ihr irgendwo die Wölbung der Erde sehen, die das Kugelmodell stützt? Wie sieht das aus einem Flugzeugfenster aus? Wie sieht das von einem Ozeandampfer aus? Seht ihr die Krümmung?

Meine Lieben, wenn sich die Erde mit einem derartigen Affenzahn um die eigene Achse dreht, sodass sie eine Geschwindigkeit erreicht von 1.666 Stundenkilometern und eure Flugzeuge haben eine Fluggeschwindigkeit von circa 700 Stundenkilometern, wären da überhaupt Flüge nach Osten möglich? Die Erde würde sich schneller drehen, als das Flugzeug in der Lage ist zu fliegen.

Darüber hinaus bewegt sich die Erde laut eurer Wissenschaftler durch das Sonnensystem. Sie reist durch das Universum – wird aber stets von der gleichen Sonne, von demselben Mond und von den gleichen Sternbildern begleitet. Ist das nicht ungewöhnlich?

Meine Lieben, was wir euch sagen möchten, ist Folgendes: Ihr seid geistige Wesen, ihr seid verbunden mit dem feinstofflichen Bereich und habt Zugang zu allen Wissensbibliotheken und Archiven der Erde. Forscht selbst! Und lasst euch nicht von Betrügern ein Modell aufdrücken, das so sehr hinkt. Es gibt eine ganze Armada von Wissenschaftlern und Freiwilligen, die das wirkliche Aussehen eurer Welt erforschen. Informiert euch selbst!
Die Erde ist ein rundes Terrarium mit einer Kuppel darüber, und die bewohnte Fläche ist flach. Der Regenbogen spiegelt das Firmament. Ihr habt eine eigene Sonne und einen eigenen Mond, die unter dem Himmelsgewölbe kreisen. Das Wasser bildet immer einen Spiegel, und es gibt eine Umgrenzung in Form einer Eiswand. Ihr habt Filme, in denen euch genau das gezeigt wird, aber ihr haltet es für Sciencefiction.

Gut, wir versuchen mit Bildern, die ihr alle kennt, ein Modell zu beschreiben: Nehmen wir eine runde Schüssel, sie ist angefüllt mit Erde, Steinen, Mineralien, Wasser, Pflanzen, Bäumen, Pilzen und Tieren. Die Erde bildet Inseln und Kontinente und das Wasser erschafft Meere, Seen, Flüsse und Bäche. Der Schüsselrand wird gekühlt und bildet eine Eiswand. Im Zentrum ist ein großer Magnetstein – Black Rock. Von oben wird eine Käseglocke darüber gewölbt. Am höchsten Punkt der Käseglocke befindet sich der Nordstern, der energetisch

mit dem Magnetfelsen in Verbindung steht. Es bilden sich unterschiedliche Luftschichten. Die Sonne läuft auf einer Bahn innerhalb der Kuppel. Der Mond ebenso. So ähnlich ist eure Erde beschaffen.
Wir wissen, dass dieses Bild für viele eine Herausforderung ist. Lasst es erst einmal außen vor, lasst euch Zeit mit diesem Thema und beschäftigt euch dann damit, wenn ihr bereit dafür seid. Es gibt auch sehr gute Dokumentationen im Internet darüber. Seid in der Liebe, das war Jesus Sananda.

Persönliche Anmerkung von Ute Kretzschmar:
Ich kann jeden sehr gut verstehen, der Probleme mit der flachen Erde hat – mir ging es genauso! Das Buch hat deswegen so lange gedauert, weil ich anderthalb Jahre Zeit brauchte, um da wirklich in die Klarheit zu kommen und dann noch den Mut aufzubringen, es zu veröffentlichen. Mittlerweile bin ich zu hundert Prozent überzeugt, dass es tatsächlich so ist.
Aber es war ein langer Prozess! Das erste Mal, als ich etwas über die flache Erde gehört habe, war das in einem Telegramkanal und es waren nur wenige Sätze. Auf jeden Fall habe ich sofort gedacht: „Jetzt ist er durchgeknallt! So ein Schwachsinn! Pures Mittelalter!“
Einige Zeit später rief mich Steffen an – er ist ein guter Freund, den ich seit Jahrzehnten kenne und der den Meisterblog und die „Gespräche mit den aufgestiegenen Meistern“ moderiert und meine Hörbücher gesprochen hat. Er erzählte mir, er habe gestern mit seiner Frau die Filme über die flache Erde gesehen. Ich sollte sie mir unbedingt anschauen, das sei wirklich unglaublich und er sandte mir die Links dazu.
Ich habe sie ignoriert und gedacht: „Für derartigen

Schwachsinn ist mir meine Zeit zu schade!“ Wieder einige Zeit später hatte ich nachts einen sehr bewussten Traum: Ich stand an einem Strand. Vor mir erstreckte sich eine endlos weite Wasserfläche mit kleinen und großen Inseln, und ich konnte unendlich weit schauen. Der Horizont war ein gerader Strich. Rechts von mir stand Kuthumi und er sagte nur einen Satz: „Die bewohnte Fläche der Erde ist flach!“

Vor Schreck war ich sofort wach und habe es mir dadurch bedingt auch gemerkt. Am nächsten Tag habe ich ernsthaft überlegt, ob das wirklich Kuthumi war oder irgendein Hochstapler, der mich verwirren wollte?

Am selben Tag rief Steffen an und wollte wissen, ob ich die Filme angeschaut hätte? Ich sagte: „Nein, dafür habe ich keine Zeit!” Den Traum habe ich absichtlich erstmal verschwiegen. Er erzählte mir Passagen aus den Filmen, und ich versprach ihm schließlich, dass ich mal reinschauen würde. Da ich von Steffens Ansichten eigentlich eine hohe Meinung habe, wollte ich es nicht abtun.

Aber ich nahm mir vor: „Ich schaue maximal eine halbe Stunde und danach sage ich dem Steffen, wo der Denkfehler ist und wo sie beschissen haben!“

So bin ich daran gegangen. Ich habe an dem Abend bis halb zwei Uhr einen Film nach dem anderen angesehen, und ich war baff und wusste nicht mehr, was ich glauben soll. Es hat mächtig in mir gearbeitet, und es hat mich unendlich gewurmt, dass ich keinen Fehler fand.

Letztlich habe ich noch Monate und weitere Filme gebraucht, um das Ganze zu verdauen und in mein Weltbild zu integrieren. Danach kamen dann die ersten Botschaften aus der geistigen Welt zu diesem Thema, die ich auch erstmal ignoriert habe.

Ja, es war ein heftiger Prozess! Dann kam der Kampf,

dass die geistige Welt dieses Thema im neuen Buch haben wollte – ich aber nicht! Glaubt mir, es war sehr herausfordernd! Erst als ich gesagt habe: „Na gut, dann kommt es eben rein.“ flossen die Durchsagen.

Frage:
Wisst ihr was ich nicht verstehe ... bei der Abstammung vom Affen sehe ich einen Nutzen, den die Evolutionstheorie-Befürworter haben. Diese Lehre vermittelt der Menschheit, dass sie unbedeutend und ein Zufallsprodukt ist. Ich verstehe, dass das nützlich für die Unterdrückung und für die Ausbeutung ist.
Aber was haben die Erfinder der Kugelerde davon, dass sie uns erzählen, sie sei rund? Ich kann da keinen Nutzen sehen!

Kuthumi
Das Terrarium ist ein geschlossenes System – ein von Gott oder der Quelle zur Verfügung gestellter Erfahrungsraum, den Seelen für das Abenteuer Leben nutzen können, um Erfahrungen in einem physischen Körper zu erleben. „Geschlossenes System“ bedeutet in diesem Falle, es ist nur von feinstofflichen Körpern oder feinstofflichen Objekten betretbar. In einem geschlossenen System gibt es keine physische Raumfahrt, die die Kuppel verlassen könnte.
Deine Seele ist in der Lage, die Kuppel zu verlassen, weil sie feinstofflich ist. Es ist ein Spielrahmen, der unter göttlichem Schutz steht! Das bedeutet, deine Seele kann hier Abenteuer erleben, und diese können bis zur Zerstörung des physischen Körpers gehen. Aber deine Seele wird dieses Abenteuer immer unbeschadet überstehen. Es verändert den Blickwinkel und zerstört die Angst vor dem Tod.

Die andere Sache ist eine gewaltige Maschinerie der Geldwäsche. Für die Raumfahrt werden jedes Jahr gewaltige Summen an Steuergeldern zur Verfügung gestellt. Das meiste Geld verschwindet in dunklen Kanälen. Aber eine kleine Summe wird dafür verwendet, dass bezahlte Wissenschaftler verdrehte Lügengeschichten für das Volk verbreiten. Das Team um Elon bringt euch schon bald die Beweise für die flache Erde.

Frage:
Ich habe als Kind die Mondlandung im Fernsehen gesehen. Sie war beeindruckend, und ich erinnere mich noch heute an die Worte des Kosmonauten, der da gesagt hat: „Ein kleiner Schritt für mich, aber ein großer Schritt für die Menschheit!“, und er stieg von der Leiter des Raumschiffs und betrat als erster Mensch den Mond. Im Hintergrund wehte die amerikanische Flagge im Wind und es wurde auch erzählt, dass der Mond keine Atmosphäre hat. Einen Moment lang habe ich mich gewundert, dass die Fahne ohne Atmosphäre weht. Aber da meine Eltern beeindruckt waren, habe ich die Unstimmigkeit mit der wehenden Flagge auf die Seite getan.

Kuthumi
Es ist bemerkenswert, dass dir etwas aufgefallen ist! Auch wenn wir jetzt wieder viele Illusionen zerstören, ist es notwendig. Die Mondlandung hat in einem Filmstudio stattgefunden! Ihr wart bis heute nicht auf dem Mond! Es ist auch gar nicht möglich, auf dem Mond zu landen, da er nicht aus fester Materie besteht. Wir wissen, euch wurden Bilder gezeigt von einer steinernen Kugel mit Kratern. Diese wurden am Computer erstellt, und es gibt darüber beeindruckende Filme, die von der NASA

erschaffen wurden. Vergleicht diese Bilder mit dem, was ihr persönlich seht, wenn ihr den Mond anschaut. Manchmal könnt ihr ihn bei Tageslicht sehen, und dann ist er durchsichtig. In der Dämmerung leuchten Sterne, die sich hinter ihm befinden, hindurch. Welche Erklärung habt ihr dafür?
Der Mond besteht aus Plasma. Dieses Plasma fängt des Nachts das Sonnenlicht auf und strahlt. Wenn der Mond voll ist, hält er euch einen Spiegel vor, der das zurückwirft, was er bestrahlt – die Kontinente der Erde. Es gibt viel zu entdecken für euch!

(Zum Thema „Flache Erde, Raumfahrt, Neuschwabenland“ gibt es ab Sommer 2023 den Meisterblog 6 als Hörbuch)

Frage:
Wir werden täglich mit Themen bombardiert, was noch alles auf uns zukommen wird und ich habe für mich entschieden, dass ich nicht auf diese Manipulationen einsteige. Und trotzdem sehe ich rundherum, wie die Menschen Angst vor allem haben: Vor Krankheit, vor einem Atomkrieg, vor Armut und allen möglichen Dingen. Könnt ihr dazu etwas sagen?

Konfuzius
Gut, mein Liebe, ihr geht durch intensive Prozesse, die für alle Menschen sehr herausfordernd sind. In Kerneuropa, dazu zählen wir den deutschsprachigen Raum, ebenso Frankreich, Italien, die meisten NATO-Länder, auch verschiedene Staaten in Amerika, in Australien, diese Gebiete sind im Moment noch vom sogenannten Deep State, den Illuminaten, beeinflusst. Sie beherrschen noch immer die Presse und Medien und

möchten gern ihre Macht erhalten. Ihr Ziel ist es, die Bevölkerung zu reduzieren, das läuft gerade. Aber nicht in dem Ausmaß, wie es von ihnen geplant war! Des Weiteren haben sie die Absicht, das Social-Kredit-System, was in China als Pilotprojekt gelaufen ist, auszudehnen. Sie sind an einer angstbesessenen, absolut kontrollierten Bevölkerung interessiert, an willigen Arbeitssklaven, die ihr Los nicht hinterfragen. Das ist ihr Ziel!

Was sie für die Umsetzung dieses Ziels brauchen, das sind Mitspieler in diesem skrupellosen System. Menschen, die sich bereit erklären, für Geld ihre Seele zu verkaufen, ihr Herz zu verschließen, sich unmenschlich zu verhalten und sich neues Karma aufzuladen.
Und wir legen euch ans Herz: Enttäuscht sie! Seid glücklich und lacht über ihre abartigen Ideen, und tut das, was ihr vom Herzen als richtig erkennt. Lasst euch nicht verbiegen, missbrauchen und ausnützen! Eine wache Bevölkerung versteht die Hintergründe des korrupten Systems und setzt sich für Weltfrieden und Gleichberechtigung ein.

Um dieses Ziel des Social-Kredit-Systems zu erreichen, erzählen sie euch von der Überbevölkerung, die angeblich bei über acht Milliarden Menschen liegt. Tatsächlich schwankt diese Zahl aus geistiger Sicht zwischen fünf bis sechs Milliarden Erdbewohnern. Recherchiert selbst und zählt die Bevölkerungszahlen der 195 Länder zusammen! Falls bei euch jemand überzählig ist, dann sind sie es!

Sie erzählen euch, dass es nicht genügend Rohstoffe und Nahrung für so viele Menschen gibt. Das ist auch falsch! Es ist genügend Nahrung für alle da – auch ohne Insektenmehl! Die Erde hat in ihrer Geschichte schon dreimal so viele Menschen getragen und gut versorgt. Der Mangel wird künstlich über die Börse und euer Gewinnstreben erzeugt.

Des Weiteren erzählen sie euch, dass es eine Erderwärmung und einen Klimawandel gibt. Eure Politiker haben deswegen viele weltweite Gipfeltreffen abgehalten, und vielleicht könnt ihr euch noch erinnern, als sie einen Vertrag unterschrieben, indem die Erderwärmung auf zwei Grad festgeschrieben wurde. Jedenfalls die Erde hat köstlich darüber gelacht!
Mittlerweile sind weltweit alle Länder – bis auf zwei oder drei – davon abgekommen, weil sie erkannt haben, dass die Menschheit keinerlei Einfluss auf das Klima der Erde hat, und dahinter lediglich bezahlte Idealisten stehen, die den Great Reset beziehungsweise das Kredit-System einführen möchten.
Die Erde unterliegt klimatischen Schwankungen, die natürlich sind. Sie wechseln circa alle 70 Jahre, und ihr geht schon bald in eine Phase der Abkühlung. Hört auf, den Himmel zu besprühen, dann normalisiert sich auch das Wetter!
Ja, in eurer Zeit haben in der westlichen Welt irrsinnige Forderungen, die niemals erreicht werden können, Hochkonjunktur! Die Illuminaten machen der Bevölkerung Angst, indem sie Probleme erfinden, die es gar nicht gibt, wie die Erderwärmung, das CO^2-Problem und den Klimawandel. Damit kann man die Bevölkerung erpressen, neue Steuern und einschränkende Gesetze erlassen und langsam immer mehr die Schraube zum Social-Kredit-System zudrehen.
Am schlimmsten treiben sie es in der Schule und mit den Lehrplänen: Da wird einer ganzen Generation eingeredet, dass sie die letzten Menschen auf der Erde sind,

weil es unausweichlich zu einem Klimakollaps kommt! Sie nehmen euren Kindern damit jede Hoffnung auf ein glückliches, menschenwürdiges Leben mit einer erstrebenswerten Zukunft.
Da gibt es Organisationen, die Jugendliche dafür bezahlen, dass sie sich auf der Straße festkleben, und die Gründer derselben Organisation haben auch die verdrehten Lehrpläne geschrieben. Gerade in der westlichen Welt müsst ihr ganz entschieden aufräumen! Und es ist auch nicht hilfreich, wenn ihr euch über die Klimakleber lustig macht. Sie wurden aufs Übelste belogen!

Kommen wir jetzt zum nächsten Thema: Die Bedrohung durch einen Atomkrieg. Gut, es ist wichtig, dass ihr es erfahrt! Auch wenn es wieder eine Herausforderung für eure Zehennägel wird! (lacht) Also den Zahn mit der Atombombe möchten wir euch gleich ziehen. Es gibt auf eurem Planeten keine Atombomben, die fähig wären, durch die Luft zu fliegen. Die Kernspaltung kann in einem unbewegten Reaktor unter Wasser kontrolliert ablaufen. Aber diese Technik lässt sich nicht auf ein bewegtes Objekt übertragen.
Jetzt werdet ihr sagen: Aber was war das damals? Es sind doch in Nagasaki und Hiroshima Atombomben gefallen? Das wurde euch jedenfalls erzählt!
Aus unserer Sicht sind sie mit sehr viel Napalm bombardiert worden, so dass die ganze Stadt dem Erdboden gleich war. Eine Atombombe gibt es bis heute nicht!
Habt ihr euch schon einmal gefragt, warum in Nagasaki und Hiroshima Menschen leben? Die Städte wurden wieder aufgebaut, und die Menschen leben nach wie vor dort. Normalerweise müssten sie doch nach wissenschaftlichen Vorgaben verstrahlt sein bis in die

Unendlichkeit – für die nächsten tausend Jahre. Warum ist das nicht der Fall?
Meine Lieben, wir möchten jetzt nicht eure Waffen klein reden. Ganz und gar nicht! Ihr habt fürchterliche Waffen, und jede einzelne ist zu viel!
Wir können euch nur empfehlen, recherchiert selbst. Ihr bekommt sehr viele Lügengeschichten erzählt. Beschäftigt euch damit und überprüft es selbst. Und wenn ihr es überprüft, werdet ihr merken, dass ihr weder vom Affen abstammt noch dass es Atombomben gibt, und die Kugelerde ist auch so eine Sache! Auch wenn es für den einen oder anderen sehr herausfordernd ist. Spätestens in einer Generation gehört das zum Allgemeinwissen. Es sei denn, ihr entscheidet euch für das Social-Kredit-System, dann bleibt euch die Gehirnwäsche noch ein bisschen erhalten. In China hat es drei Jahre gedauert, bis die Regierung durch den Druck der Bevölkerung zurückrudern musste.

Du hattest gefragt, wie die Menschen aus der Angst aussteigen können? Werdet euch bewusst: Ihr wichtigstes Steuerwerkzeug ist die Angst-Verbreitung! Solange sie euch in Angst und Schrecken versetzen können, seid ihr unterlegen. Hinterfragt ALLES, was sie euch auftischen auf Wahrheitsgehalt! Holt euch alternative Informationen, vernetzt euch mit Gleichgesinnten. Geht in die Natur und tankt euch mit positiven Bildern auf. Angst ist eine Energie, die immer auf die Zukunft gerichtet ist – auf das, was geschehen könnte! Seid bewusst im Hier und Jetzt! Hört auf, euch über Dinge zu erregen, die ihr nicht verändern könnt! Zum Beispiel ein Kriegsschauplatz oder ein Erdbeben! Habt ihr die Macht, es ungeschehen zu machen? Könnt ihr an den Aufräumarbeiten teilnehmen?

Wenn ihr diese beiden Fragen mit „Nein“ beantwortet, bringt eure Aufregung nichts, da ihr nicht die Macht besitzt, konstruktiv einzugreifen. Also ist es Verschwendung eurer eigenen Energie! Ihr geht durch eine heftige Zeitphase, aber am Ende des Tunnels ist das Licht! Und jeder Tunnel hat ein Ende! Glaubt daran, dass es einen göttlichen Plan für diesen Wandel gibt. Sie können nicht gewinnen!
Meine Lieben, die höchsten Gefühle im Universum sind Liebe und Dankbarkeit. Je mehr ihr diese Gefühle der Liebe und Dankbarkeit in euch zulassen könnt, umso leichter und vollkommener wird euer Leben. Wir entschuldigen uns für die vielen „Kröten“, aber sie sind nötig für die Veränderung. Seid gesegnet, das war Konfuzius.

Der Bewusstseinswandel in deinem Kopf

Konfuzius
Geliebte Schülerinnen und Schüler des Lichtes, das ist Meister Konfuzius. Wir begrüßen euch ganz herzlich zum heutigen Channeling. Nun, meine Lieben, wir begleiten und unterstützen euch. Wir sind an eurer Seite, auch wenn ihr vielleicht manchmal das Gefühl habt, ihr steht alleine auf weiter Fläche. Jederzeit habt ihr jegliche Unterstützung, jederzeit könnt ihr himmlische Unterstützung abrufen und wir sind auch nicht beleidigt, wenn ihr uns jahrelang ignoriert habt. Das ist menschlich, ihr nehmt unsere Energie umso deutlicher wahr, je mehr ihr in eurem Inneren im Frieden und Harmonie seid.

Meine Lieben, auf der irdischen Ebene erscheint es

gerade, als ob die ganze Welt verrücktspielt. Aber wenn ihr euch ganz ehrlich fragt: „Was war damals der Auslöser, der mich persönlich zur Spiritualität geführt hat?“ dann finden die meisten Menschen irgendein persönliches Drama, irgendeinen Schicksalsschlag, den sie von ihrem Verstand her niemals geplant hätten. Nein, euer Hohes Selbst hat mit Absprache eurer Seele dieses Drama in euer Leben gelockt, damit ihr erwacht!

Meistens sind es die dramatischen Ereignisse, die euch veranlassen zu schauen: Was läuft da gerade falsch in meinem Leben? Was kann ich tun, um wieder in die Mitte und den inneren Frieden zu kommen? Ihr liegt dann vorübergehend wie ein Käfer auf dem Rücken und schreit verzweifelt das Universum an. Das ist genau die Situation, in der viele Menschen im Moment stecken.

Es zieht eine Welle des Erwachens über euren Planeten, und das könnt ihr überall wahrnehmen. Viele von euch haben Seminare besucht, haben Bücher gelesen und sind schon recht vertraut mit ihrer Schöpferkraft. Eure Gedanken haben eine geheime Macht, die in eurem Inneren verborgen liegt: Ihr könnt schöpfen und Ereignisse in euer Leben ziehen!

Immer dann, wenn ihr euch dabei ertappt, dass sich in eurer Magengegend ein unangenehmes Gefühl breit macht, könnt ihr davon ausgehen, dass ihr euch gerade verschöpft habt.
Meine Lieben, eure Selbstliebe, eure Gedanken, eure Zuversicht, der innere Frieden, die innere Klarheit und die bewusste Hinwendung zu eurer Schöpfermacht, das sind die Dinge, die ihr handhaben lernen dürft. Ihr alle steckt in einem Prozess des Erwachens oder seid über dieses

Erwachen hinausgeschritten und versucht jetzt, perfekt eure Schöpfermacht anzuwenden.

Im Schöpferseminar habt ihr über die verschiedenen inneren Stimmen gesprochen: Den Antreiber, den Kritiker, den Verteidiger und den Dramatiker. Derzeit geht es darum, dass ihr in die Selbstbeobachtung und Selbstverantwortung geht. Das heißt, dass ihr bewusst wahrnehmt, wenn ihr gerade negativ denkt, dass sich dann ein unangenehmes Gefühl in euch erzeugt. Fragt euch: Durch was es entstanden ist? Wie hat dieses Gefühl Realität werden können? Über was habe ich mich geärgert?
Wenn ihr in die Selbstverantwortung geht, dann fragt ihr euch: Womit habe ich es verursacht? Welcher hoffnungslose Gedanke, welcher Vergleich, welche Abwertung in mir haben es geschöpft? Diese Betrachtungsweise hilft euch unangenehme Zustände in Zukunft zu vermeiden. Ihr seid Schöpfergötter, und am wichtigsten ist es, dass ihr am Morgen, wenn ihr erwacht, auf euer inneres Gleichgewicht achtet.

Jeder Mensch erzeugt in sich selbst eine Grundstimmung. Das ist ein Körpergefühl, eine innere Ausrichtung, eine innere Motivation, die ihn dazu bringt morgens aus dem Bett zu steigen und den Tag entweder zu überstehen oder mit Begeisterung und viel Herzenergie sich entfalten zu lassen.
Die erste Frage ist also: Welche persönliche Grundstimmung erzeugst du in dir? In welcher Stimmung startest du in deinen Tag? Bist du leicht? Trällerst du in deinem Inneren und könntest platzen vor Energie und Witz? Leuchten deine Augen vor Begeisterung? Tanzt du voller Leichtigkeit durch dein Leben? Oder schleppst du

dich schmerzverzerrt, in gereizter Stimmung, mit Groll geladen und innerlich meckernd aus deinem Bett?
Welche Energie motiviert dich beim Kaffeekochen, beim E-Mail-Schreiben, bei der Hausarbeit, auf dem Weg zur Arbeit, beim Nachrichten schauen, bei der Liebe?
Die alles entscheidende Frage ist: Was überwiegt in dir? Die Leichtigkeit und Lebensfreude oder die Angst vor der Ungewissheit? Fühlst du dich kraftvoll oder wie ein Blatt im Sturm?
Die meisten Menschen haben tausend Argumente, warum sie sich jetzt gerade so fühlen und geben äußeren Umständen die Schuld daran. Aber wisse, dass du allein mit deinen Gedanken und deiner Ausrichtung alles in dir verändern kannst! Gehe in die Selbstverantwortung! Du schöpfst jeden Tag dein Leben neu! Tue es bewusst!

Ihr seid auf die Erde gegangen, um gemeinsam diesem Planeten ins Licht zu helfen und bei dem Geburtsprozess auf eine höhere gesellschaftliche Stufe zu unterstützen, auf der mehr Freiheit, Leichtigkeit und Lebensfreude vorhanden sind. Es geht auch darum, dass ihr wahrnehmt, was in der Gesellschaft veränderungswürdig ist. Die Lichtarbeiter sind in allen Zweigen der Gesellschaft verteilt, ihr arbeitet als Lehrer, Gärtner, Krankenpfleger, Bauer, in der Industrie, in der Gemeinde, beim Umweltschutz, auf der Bank, im Einzelhandel, ihr seid Handwerker, Künstler, Gastwirt, Wissenschaftler oder Müllfahrer.
Ihr alle habt Einblick in Arbeitsstrukturen, die sich in den letzten Jahren durch Einsparungen verändert haben. Und jetzt ist eine Stufe erreicht, in der gesellschaftliche Veränderungen anstehen.

Ihr alle werdet auf der Traumebene geschult wie eine

gerechte Gesellschaft beschaffen ist. Ihr habt neue Ideen über faire Vereinbarungen, die der Menschheit, der Natur und einem friedlichen Miteinander dienen. Alle diese Neuerungen sind zuerst in euren Köpfen als geniale Ideen. Ihr trefft euch dann mit Gleichgesinnten und tauscht eure Vorstellungen aus. Es werden Statuten und Manifeste geschrieben, die zur Grundlage für spätere Veränderungen dienen.
Dieses innere Wissen ist in jedem von euch angelegt, fragt euch einfach: Angenommen das Volk hätte grenzenlose Macht, welche Vereinbarungen würden wir treffen hinsichtlich der Arbeitspflicht, der Bezahlung, der Arbeitszeit, der Freizeit, der Rente? Wie würden auf der neuen Erde die Tiere, die Pflanzen, die Natur und die Luft behandelt? Was bedeutet Humanmedizin? Welchen Nutzen hat die Börse? Wie können wir weltweiten Frieden erschaffen? Welche weggesperrten Erfindungen sollten der Bevölkerung uneingeschränkt zur Verfügung stehen? Wie können wir die Schulen reformieren, so dass die Kinder gerne und mit spielerischer Begeisterung lernen? Wie sollte der Lehrplan wirklich aussehen? Welche Lügen und falschen Theorien finden noch immer Verbreitung? Was könnten wir einbringen, damit diese Generation in der Lage ist, eine friedvolle Welt aufzubauen? Welche Mittel sollten allen Menschen kostenlos zur Verfügung stehen?

Sprecht miteinander über die Ideen, die ihr persönlich habt und erschafft mit eurer Vorstellung eine Welt, in der es Spaß macht zu leben. Was fühlt ihr in euch, wenn ihr das lest?
Meine Lieben, ihr alle habt ein göttliches Hohes Selbst, eure persönliche himmlische Unterstützung, und ihr wisst auch, wenn ihr euch mit diesem Hohen Selbst verbindet, dann kommt ihr entwicklungsmäßig gut voran. Aber

manchmal glaubt ihr, dass ihr vielleicht diese Unterstützung gerade heute nicht so deutlich gespürt habt. Und am nächsten Tag sagt ihr euch: „Ach, diese Verbindung ist überflüssig. Ich lasse sie weg. Ich komme auch selbst klar.“

Meine Lieben, euer göttliches Hohes Selbst drängt sich euch nicht auf. Jeder Mensch auf eurem Planeten hat einmal in der Woche einen Tag, wo er vollautomatisch in der Verbindung mit dem Hohen Selbst ist. Das ist ein universelles Gesetz und gilt für jeden Menschen. Es ist der Tag, an dem ihr euch brillant fühlt, getragen und unterstützt. Vielleicht liegt ihr am Abend voller Dankbarkeit im Bett und denkt: Heute lief alles super! Es bleibt euch überlassen, ob ihr diese Verbindung intensivieren möchtet. Bewusste Menschen verbinden sich täglich mit ihrem göttlichen Hohen Selbst und rufen sich Unterstützung aus himmlischen Sphären ab. Ihr müsst daraus kein riesiges, stundenlanges Ritual machen.

Es reicht eine Absichtserklärung und der bewusste, gefühlte Aufbau der Verbindung zu eurem Hohen Selbst. Hüllt euch ein in dieses Energiefeld und bestellt euch himmlische Unterstützung.

Und wenn ihr diese Energie kontinuierlich 21 Tage abgerufen habt, dann spürt ihr auch, wie sich euer Leben zum Positiven verändert und ihr werdet sie nie wieder missen wollen. Wir sagen euch hier, wie es ist! Ob ihr es tut, bleibt eure Entscheidung!

In Verbindung mit eurem Hohen Selbst fällt es euch schwer, negativ zu denken. Wir hatten euch am Anfang dieser Botschaft gesagt, wie wichtig es ist am Morgen in den ersten zwei bis drei Minuten bewusst die eigenen inneren Monologe wahrzunehmen und dann so zu disziplinieren, dass euch eine freudvolle, freiheitliche und begeisterte Energie erfüllt.

Noch ein Geheimnis: Das Volk hat die absolute Macht! Niemand könnte es unterjochen, wenn es sich einig ist! Ihr könnt euch jedoch selbst begrenzen, indem ihr euch am Morgen mit Inbrunst auf eure Ängste, Sorgen, Unzulänglichkeiten und Nöte stürzt. Dann wird dieser Wandel ins goldene Zeitalter weiter ausgebremst. Bewusste Menschen tun das nicht! Sie versetzen sich willentlich in einen hochschwingenden Zustand!

(Die Verbindung mit dem Hohen Selbst gibt es zum kostenlosen Download in meinem Online-Shop www.antar-verlag.de – sie heißt „Himmlische Schnellverbindung für Genies".)

Konfuzius

Meine Lieben, ihr dürft noch auf etwas anderes achten. An eurem Meditationsplatz oder im Schlafzimmer solltet ihr möglichst keine WLAN-Geräte haben, weil da Frequenzen ausgestrahlt werden, die eure Klarheit und Verbindung zur Traumebene beeinträchtigen können. Es wäre also von Vorteil, wenn euer Meditationsplatz und euer Schlafraum frei von Handys, Computern oder WLAN-Routern ist. Und sollte das einmal nicht gehen, weil ihr im Hotel seid, dann legt die Geräte in den Vorraum oder stellt sie weit weg von dem Bett, in dem ihr schlaft.

Meine Lieben, ihr seid geistige Wesen. Ihr seid Lichtwesen, die auf die Erde gegangen sind, um mitzuhelfen bei diesem intensiven Wandel. Dieser Wandel ist geplant, lange Zeit geplant! Habt bitte keine Angst, dass er schief gehen könnte!

Diejenigen unter euch, die sich schon länger damit auseinandersetzen, die denken recht häufig: Warum dauert das denn so lange? Warum sind wir noch nicht weiter?
Es ist so: Es möchten zum einen so viele Menschen wie nur möglich diesen Wandel mitmachen und sie durchlaufen einen Offenbarungs- und Erwachensprozess, der sie ordentlich durchschüttelt. Zum anderen ist die alte Gesellschaft in einer Intensität mit Korruption und kriminellen Vereinigungen durchzogen, die ihre Wurzeln seit Jahrhunderten haben, dass das Ganze in einem bestimmten Rhythmus und in bestimmten Schritten ablaufen muss. Es wird sich zuspitzen bis zur Unerträglichkeit, und deshalb ist es so wichtig, dass ihr in eurer Mitte bleibt und nicht die Hoffnung verliert! Wenn die Militärregierung übernimmt und es zu hochkarätigen Verhaftungen kommt, dann ist der Höhepunkt überschritten und die Gerechtigkeit beginnt sich mehr und mehr auszubreiten.

Wir sagen euch, ihr werdet in zehn Jahren Weltfrieden haben, und es wird keine Waffenhersteller mehr geben! Eure Elektrogeräte werden in Zukunft zehn Jahre funktionieren. Ihr werdet sehr viel freier sein, sehr viel mehr Freizeit haben und euch mit Menschen zusammentun, die sich gegenseitig unterstützen.

Eure Medizin wird sich vollkommen verändern, denn im Moment doktert ihr an Symptomen herum, die unterdrückt werden. Das hat aber nicht viel mit tatsächlicher Heilung zu tun! Viele unterdrückte Medikamente, die vor hundert Jahren noch zugelassen waren, werden wieder Verbreitung finden. Es geht auch darum,

dass ihr Heilung aus einem umfangreicheren Blickwinkel wahrnehmt.
Ihr seid ganzheitliche Wesen und besteht aus Körper, Geist und Seele. Krankheit bedeutet immer, dass in eurem Leben gerade etwas nicht in Ordnung ist. Fragt euch: Was spiegelt mir mein Körper mit diesen Symptomen?

Meistens werdet ihr dann krank, wenn eine Situation in eurem Leben aus den Fugen geraten ist, wenn ihr euch zu viele Sorgen macht, wenn ihr euch selbst verurteilt, euch vergleicht oder unter Druck setzt, euch negativ bewertet oder in ein Korsett pressen lasst.
Aus diesem Grund ist es auch so wichtig, wie ihr über euch und euer Leben denkt! Nehmt euch selbst in Liebe, in Freude, in Gelassenheit an! Erschafft in euch Harmonie und schaut mit Freude, mit Leichtigkeit, mit Zuversicht und mit Begeisterung auf diesen Wandel. Trefft euch mit anderen Menschen, die auch interessiert sind an allumfassenden Veränderungen. Eure Zukunft wird wunderschön!

Es sind sehr viele Ideen unterwegs, neue Erfindungen sind in der Schwebe oder bereits realisiert. Meine Lieben, ihr befindet euch in einem gigantischen Wandel. Glaubt daran, dass die lichtvolle Seite gewinnt!

Wir möchten euch noch eine kleine Analogie erzählen: Angenommen, da gibt es zwei gleich große Räume. Der eine Raum ist finster, die Rollläden sind heruntergelassen, es kommt kein Licht herein. Die andere Seite ist sonnendurchflutet, hell. Was passiert, wenn ihr die Tür zwischen diesen beiden Räumen öffnet? Welche Seite ist stärker? Kriecht der Schatten heraus oder fällt das Licht ein?

Tut euch mit Menschen zusammen, die Ideen haben, bei denen ihr spürt, sie haben eure Wellenlänge, und dann tauscht euch aus. Die Lichtarbeiter werden in dieser Zeit des Wandels zusammengeführt, und eure Seelen erkennen sich! Ihr werdet Ideen bekommen für eine bessere Welt! Das Neue kommt immer mehr durch und setzt sich von Land zu Land um.

Frage:
Ich wüsste gerne etwas über die Hintergründe von Telegram, einer Messenger Seite im Internet. Die informiert über verschiedene Vorgänge. Alle meine Bekannten sind da drauf und lassen sich informieren. Ich habe da ein komisches Gefühl, deswegen würde ich gerne von der geistigen Seite hören, wie ernst kann man die Nachrichten nehmen, die auf diesem Kanal kommen – aus eurer Sicht?

Konfuzius
Für den Wandel auf der Erde ist Telegram eine sehr wichtige Plattform. Es gibt da sehr wertvolle Beiträge für die neue Welt. Natürlich dürft ihr mit eurem Herzen abgleichen, welche Nachrichten und wie viel ihr konsumiert. Ihr erfahrt über Telegram, was gerade auf der Welt alles los ist, und natürlich gibt es auch Falschmeldungen.

Aus unserer Sicht wäret ihr mit dem Wandel nicht so weit, wie ihr heute seid, wenn es Telegram nicht geben würde! Hättet ihr nur euer Fernsehen mit der täglichen Gehirnwäsche, die ständig abgespult wird, hättet ihr nur WhatsApp und diese kontrollierten und zensierten Plattformen, die vom Deep State unterhalten werden, um euch zu kontrollieren, dann wäre der Wandel nicht so weit, wie er heute ist.

Es ist aus unserer Sicht eine sehr wichtige Plattform mit alternativen Informationen, die gerade in dieser Zeit der Zensur und Gehirnwäsche eine sehr wichtige Aufgabe erfüllt.

Viele Menschen haben sich aus den selbsternannten Qualitäts-Medien zurückgezogen, weil sie spüren, dass sie belogen werden und die verbreitete Energie keineswegs aufbauend ist. Twitter hat sich, seit der Übernahme von Elon Musk auch von der Zensur befreit, und es werden weitere folgen. Viele Menschen beschäftigen sich nur noch mit Dingen, die sie aufbauen – und das kann wertvoll sein. Über Telegram empfangt ihr auch neue Radio- und Fernsehsender, und es gibt unzählige aufklärende Filme, die wirklich in dieser Zeit des intensiven Wandels unendlich wertvoll sind! Das ist das, was wir augenblicklich dazu sagen möchten! Seid gesegnet und in der Liebe, das war Konfuzius.

Frage:
Welchen Sinn haben Chemtrails? Und was kann man dagegen tun?

Kuthumi
Seit den 1990er Jahren werden vor allem in Westeuropa und den USA Chemtrails durch militärische Sprühflugzeuge ausgebracht. Der Gedanke dahinter ist ein Entgegenwirken der Erderwärmung durch Zusprühen des Himmels. Es werden Gitternetze mit sich kreuzenden Linien in den Himmel gesprüht, die sich letztendlich zu Wolken verbinden. Das ausgebrachte Gemisch enthält Barium, Kunststoff und Aluminium. Durch Abregnen gelangt es in den Boden und ins Grundwasser und

beeinflusst negativ die Natur, die Trinkwasserqualität und die Atemluft. Es führt zu Atemwegserkrankungen und Erkrankungen des Bewusstseins.
Aus unserer Sicht ist der Schaden größer als jeder Nutzen! Ihr solltet lieber die warmen Jahre und die Sonne genießen.
Die ausgebrachten Chemtrails lassen sich durch einfachste Mittel auflösen. Ganz natürlich geschieht es, wenn ein Bauer sein Feld mit Gülle düngt. Dabei steigen feinste Dämpfe auf und zerstören die Wolkenbildung. Ebenso könntet ihr ein Gemisch aus Wasser und Essig abgedeckt zum Kochen bringen und diesen Topf auf die Terrasse, auf den Balkon oder auch aufs Fensterbrett stellen und dann den Deckel abnehmen. Der aufsteigende Dampf löst die Chemtrails auf und schafft blauen Himmel. Das Wasser-Essig-Gemisch kann 50:50 sein und es lässt sich nach dem Erkalten immer wieder verwenden.
Das heißt, ihr könnt euch mit einfachsten Mitteln selber helfen, bis dieses Sprühprogramm eingestellt wird. Um so mehr mitmachen, desto größer ist der Effekt! Das war Kuthumi.

Da, wo der Himmel die Erde küsst, liegt das Quantenfeld der Materialisation

Konfuzius
Geliebte Schülerinnen und Schüler des Lichtes, ihr seid gewaltige Schöpfergötter. Die Macht, die in euch angelegt ist, ist phänomenal, göttlich und gewaltig. Ihr seid große Schöpferwesen und das Instrument, das ihr nutzt, um eure Zukunft zu gestalten, sind eure Gedanken und Gefühle.

Richtet euch positiv aus, singt, lacht und erfreut euch des Lebens! Immer wenn ihr lächelt und dieses Lächeln erreicht eure Augen, produziert euer Gehirn Glückshormone. Diese Glückshormone werden ausgeschüttet und erhöhen eure Schwingung, eure Lebensfreude und das innere Wohlbefinden. Tut es bewusst und willentlich! Verbindet euch mit euren Hohen Selbst und gestaltet euren Alltag im Einklang mit dem Göttlichen. Teilt eurem Hohen Selbst eure Pläne für den kommenden Tag mit und bittet um himmlische Unterstützung. Klärt eure Gedanken und die Informationen, die ihr konsumiert, und geht in die Selbstverantwortung.

Die positiven Gefühle und die Lebensfreude sind der Treibstoff zur Veränderung – erweckt und pflegt sie in euch!

Da, wo der Himmel die Erde küsst, liegt das Quantenfeld der Materialisation. Nun ist damit kein irdischer Ort gemeint, sondern ein innerer Zustand der Entspannung. Wenn ihr es schafft, eure Gedanken in die Stille zu bringen und voll einzutauchen in einen Zustand des Seins, indem ihr beispielsweise euren Atem beobachtet oder mit der Aufmerksamkeit bei einem Chakra verweilt, dann löst sich euer physischer Körper, mit ein wenig Training, anscheinend auf, und ihr öffnet euch für eine andere Schwingungsebene – nennen wir sie Ebene 2!

Auf Ebene 2 verschwindet das Physische und das Bewusstsein, in einem Körper zu sein, und ihr öffnet euch für den feinstofflichen Bereich. In diesem Zustand könnt ihr feinstoffliche Besucher fühlen, hören und berühren.

Vielleicht könnt ihr euch entsinnen, dass wir euch erzählt haben, dass Kleinkinder den feinstofflichen Bereich sehen können. Sie sind auch beim Spielen in diesem Buddhaähnlichen Bewusstseinszustand des Seins und sehen feinstoffliche Besucher.

Wenn ihr in Meditation und Entspannung geübt seid, könnt ihr da eintauchen! Bittet euer Hohes Selbst: „Zeige mir, dass du da bist!“
Mit diesen Erfahrungen könnte sich euer Leben auf fantastische Art und Weise verändern. Ihr öffnet euch für eine neue Welt der eigenen Lebensgestaltung.
„Eure Vorstellung versetzt Berge!“ Diesen Ausspruch kennt ihr, und er möchte euch mit eurer Schöpferkraft vertraut machen. Des Weiteren könnt ihr diesen Entspannungszustand nutzen, um Fragen an eure Seele zu stellen. Ihr könntet beispielsweise fragen: „Kenne ich Marion aus einem früheren Leben?“ Ihr würdet dann Antworten oder Bilder empfangen.
Wichtig ist, dass ihr euch bemüht, positiv zu denken und diesen Entspannungszustand übt – es klappt wahrscheinlich nicht beim ersten oder dritten Mal – aber möglicherweise wird sich beim zwanzigsten Mal euer Leben verändern, und ihr durchbrecht einen Schleier, der euer Bewusstsein mit dem Himmel verbindet. Wir wünschen euch viele segensreiche Erfahrungen! Seid gesegnet, seid in der Liebe und in hoffnungsfrohen Erwartungen!
Das war Konfuzius.

Aktienhändler und Leistungsprinzip

Kuthumi
Gut, meine Lieben, ihr befindet euch auf dem Planeten Gaia, und euer Planet spielt ein ganz bestimmtes Programm durch. Dabei geht es um Habgier und Machtmissbrauch, um das olympische Prinzip: schneller, besser, weiter, höher und größer! Was euch im Westen verkauft wird als das einzig seligmachende Lebensprinzip.

Von diesem olympischen Prinzip ist auch sehr euer Finanzmarkt geprägt, und da es falsch ist und nicht von Herzenergie erfüllt, muss es verändert werden. Es erschafft eine kalte Leistungsgesellschaft, die mit Ellenbogenmentalität gegeneinander vorgeht, in der der Einzelne wenig zählt und auch das Miteinander von Kälte geprägt ist.
Seit Beginn der Finanzkrise 2008 habt ihr eine finanzielle Schieflage, die schon zuvor bestanden hat, die ihr aber, wenn ihr in Industrieländern lebtet, kaum wahrgenommen habt. Die Länder, die ihr als dritte Welt bezeichnet, spüren diese Schieflage schon länger.
Jetzt kommt sie bei euch an. Sie spaltet die Gesellschaft in wenige Superreiche und die breite Masse, der immer mehr genommen wird.

Große Wirtschaftsunternehmen sind häufig börsennotiert, das bedeutet, sie geben Aktien (Unternehmensanteile) ab an Geldbeschaffer – Aktionäre. Aktionäre möchten Gewinne machen, und das möglichst schnell. Es gibt dann Aktionärsversammlungen und ein Mitspracherecht darüber, wie das Unternehmen gewinnträchtig aufgestellt werden kann und welche Möglichkeiten der Einsparung es gibt. Und dann wird umgestaltet und abgesahnt. Wobei wir wieder beim olympischen Prinzip wären!
Aus Sicht der geistigen Welt sind viele Aktienhändler hochgradig geistig krank. Sie leben in einer virtuellen Welt der Zahlen, hängen ständig an ihren Börsenkursen und zocken beinahe vierundzwanzig Stunden am Tag. Ihre einzige Ausrichtung ist der schnelle Gewinn. Das Kaufen und Verkaufen und die Mehrung ihres virtuellen Besitzes. Wenige tausend Menschen haben eine Art Sport daraus gemacht, ihre Börsenkurse zu optimieren und den höchstmöglichen Gewinn in Rekordzeit abzuziehen. Ein

Unternehmer denkt langfristig.
Börsenhändler fragen sich: Wie kann ich bis morgen durch Kaufen und Verkaufen einen Rekordgewinn erzielen und mein eingesetztes Geld verdoppeln? Ganz nebenbei ruinieren sie dabei Firmen, treiben ganze Länder in die Zahlungsunfähigkeit und beuten die Natur aus. Häufig sind ihnen die Auswirkungen dessen, was sie tun, überhaupt nicht bewusst! Sie fragen sich nicht: Was bedeutet mein Verlangen nach Mehr für die Erde? Was bedeutet mein Verlangen nach Lohnkürzung für die Arbeiter eines Unternehmens? Sie sind geistig vollkommen in ihrer eigenen Welt der Zahlen gefangen mit nur einer begrenzten Wahrnehmung der tatsächlichen Realität. Ihre Berührungspunkte nach außen sind stark eingeschränkt. Und sie besitzen keinerlei Verantwortungsgefühl für die Allgemeinheit.
Das Fatale dabei ist nur, dass auf dem Planeten Erde diese wenigen Personen Zugriff auf den tatsächlichen Finanz- und Börsenmarkt besitzen. Das ist ein hochgradig krankes Verhalten!
Die Menschheit hat nur dann eine Chance, langfristig auf der Erde zu verweilen, wenn ihr es schafft, eine Gesellschaft aufzubauen, die von einem herzlichen Miteinander geprägt ist und nicht vom olympischen Prinzip.
Kommen wir zurück zu den Aktionären: Sie leben also in ihrer eigenen, virtuellen Welt des schnellen Gewinns mit wenig Kontakten nach außen. Aus geistiger Sicht führen sie das Leben eines hochgradig Süchtigen. Sie hängen ständig an den Börsenkursen, schlafen mit ihren Geräten und dürfen auch nicht länger als zwei Stunden schlafen, weil sie ja den asiatischen Markt auch beobachten müssen. Das wirklich Fatale ist nur, dass diese Junkies den Finanzmarkt beherrschen. Der Aufwand, sie vom

tatsächlichen Markt abzuschneiden und stattdessen in einer virtuellen Blase beschäftigt zu halten, ist sehr gering. Sie spielen mit sich selbst und sind fokussiert auf Zahlen. Macht die Aufsichtsratssitzungen virtuell und stellt hundert Finanzexperten an, die ihre wahnwitzige Welt mit Zahlen befeuern – mehr brauchen sie nicht!
Koppelt den tatsächlichen Markt von ihrem Zugriff ab. Viele Unternehmen würden ohne den Einfluss der Aktionäre viel besser dastehen und könnten endlich aufatmen.

Ihr seid umgeben von Licht

Jesus Sananda
Am Anfang ist das Licht, und dieses Licht besitzt göttliche Eigenschaften. Alles, was lebt, ist ausgestattet mit einem göttlichen Funken. Dieser Lichtfunke steht für Bewusstsein, Lebendigkeit, Schöpferkraft, Seele, ewige Existenz und Unzerstörbarkeit. Ihr alle tragt einen Lichtfunken in eurem Herzen. Euer Äther – die Luft, die euch umgibt – ist erfüllt von dieser Energie. Ihr könnt diese göttlichen Funken auch am Himmel tanzen sehen!
Sobald ihr starr in den Tageshimmel schaut und euch bemüht, Luft zu sehen – dabei spielt ihr mit der Raumtiefe, so ähnlich wie beim Erkennen von 3-D-Bildern – zeigen sich überall tanzende Lichtfunken. Manchmal könnt ihr einen Lichtschweif sehen, der sich aus den Funken verströmt. Ihr seid vollkommen umgeben von Licht, von Liebe, von grenzenloser Energie und Bewusstsein. Die Erde ist davon eingehüllt. Was wir euch damit sagen möchten: Dieser Wandel wird von lichtvollen, himmlischen Kräften unterstützt, und jeder von euch der diese Übung

anwendet, kann sie mit seinen eigenen, physischen Augen sehen!

Ihr durchlauft, wenn ihr euch fürs Duale Universum entscheidet, einen Inkarnationszyklus, der aus vielen irdischen Leben besteht. Die meisten haben zwischen 80 bis 120 Leben, die sie nacheinander mit zwischenzeitlichen Erholungspausen im jenseitigen Bereich absolvieren. Ein irdisches Leben in eurer Zeit dauert in der Regel etwa 70 bis 90 Jahre. Dann legt ihr die alte Hülle ab, und euer altersloser Seelenkörper steigt auf in den Himmel.
Ihr werdet am Totenbett abgeholt von Freunden und ehemaligen Verwandten, die euch ins Jenseits begleiten. Für viele Verstorbene ist dieser Moment ergreifend und wunderschön, und ihr Herz öffnet sich in einer Intensität, die sie im irdischen Leben nicht erlebt haben. Sie kehren zurück in ihre geistige Heimat und freuen sich auf das Wiedersehen mit alten Freunden. Der irdische Druck, der gerade in eurer Zeit so ausgeprägt ist, fällt von ihnen ab. Sie wissen, sie kommen in eine Welt, in der sie weder bewertet noch in ein System gepresst werden. Im Jenseits sind sie frei, gut versorgt und können tun und lassen, was sie von Herzen wünschen. Der Aufenthalt im jenseitigen Bereich ist über den Daumen gepeilt ebenso lang wie ein irdisches Leben.
Wenn die Zeit reif ist, werden sie wieder geboren.
Ihr durchlauft also einen Inkarnationszyklus, der aus vielen Leben und Entwicklungsschritten besteht. Über die einzelnen Seelenalter und Entwicklungsschritte hatte euch Konfuzius in früheren Büchern berichtet.

(„Der Aufstieg der Erde oder das Erwachen deiner Seele"
ISBN 978-3-9817125-13)

Die meisten von euch sind heute in fortgeschrittenen Seelenaltern, das bedeutet, ihr beginnt euch mit eurer Seele und eurem Bewusstsein auseinanderzusetzen. Ihr brennt darauf zu erfahren, wie ihr Glück, Wohlbefinden, Zufriedenheit und Wohlstand in euer Leben zieht.

Für gewöhnlich durchlauft ihr dabei einen Prozess:
Die reife Seele ist eine Ursachenforscherin, sie schaut zurück und fragt sich: Woher kommt dieses Problem – dieses unangenehme Gefühl? Wo wurde die Ursache dafür gelegt? Sie schaut in ihre Vergangenheit, in die Kindheit, findet Prägungen und schaut sich an, welche uralten Ängste aus früheren Inkarnationen stammen. Sie macht Rückführungen und erforscht sich selbst. Sie muss dabei spüren, hinfühlen und Tränen vergießen.
Die Reinkarnationstherapie befreit sie vom Glauben an den Zufall. Alles, was ihr widerfahren ist, ist wohlverdient und hat mit ihrer Vergangenheit und früheren Leben zu tun. Es gibt im Universum keine Willkür. Auch wenn das auf irdischer Ebene manchmal anders erscheint!
Alle diese Arbeiten an ihrer Persönlichkeit bringen sie weiter und lehren sie, wie sie zu dem Menschen geworden ist, der sie jetzt ist. Das ist gut und ein wertvoller Entwicklungsschritt!

Danach kommt häufig eine Phase, wo sie immer wieder sucht, sucht, sucht und in die Vergangenheit arbeitet und dabei das Gefühl hat: Es geht nicht mehr voran! Es tut sich nichts! Der Blick nach hinten und das Wühlen bringen anscheinend keinerlei Befriedigung mehr. All das, was sie bei ihren Forschungen ans Licht zieht, untermauert die alte Opfer-Energie. Der Aha-Effekt, den sie hatte, als das neu war, bleibt aus.
Die alte Seele zieht den Blick von Sodom und Gomorrha

ab und konzentriert sich auf das Hier und Jetzt!

In eurer Bibel steht die Geschichte von Lots Frau, die so lange nach Sodom und Gomorrha geschaut hat, bis sie zur Salzsäule erstarrt ist. Das ist eine Parabel zu diesem Entwicklungsschritt. Die Ausrichtung nach hinten, in die Vergangenheit, der Blick nach Sodom und Gomorrha hält sie im Alten fest.

Und jetzt steht ein neuer Entwicklungsschritt an: Die alte Seele geht in die Selbstverantwortung und erkennt sich selbst als schöpferisches Wesen. Sie weiß, in ihr ruhen Kräfte, die unglaublich sind und ihre Zukunft gestalten. Sie entscheidet bewusst über ihre Hinwendung in die Vergangenheit und das Erkunden des Leides oder die Ausrichtung nach vorn – ins Hier und Jetzt und nimmt ihre Macht an. Das hat die alte Seele erkannt, geht in die Selbstverantwortung und möchte ihre Zukunft bewusst gestalten.

Nun ist es so: Häufig gibt es bei dieser Zukunftsgestaltung ein Hindernis. Der Mensch verfügt im Inneren über eine Art Automatik-Programm. Dieses Automatik-Programm hilft euch, immer wiederkehrende Tätigkeiten im Autopiloten abzuspeichern und danach ohne nachzudenken vollautomatisch auszuführen.

Nehmen wir zum Beispiel Fahrradfahren: Am Anfang war das furchtbar aufregend, und es war schwierig, die Balance zu halten. Später musstet ihr mit dem Verkehr klarkommen, und es gab viele Dinge zu beachten. Nach vielen Fahrstunden wusstet ihr dann, wie es geht und diese Tätigkeit wurde im Autopilot abgespeichert. Fortan fährt euer Unterbewusstsein Fahrrad. Das hat den Vorteil, dass ihr euch während des Fahrens mit einem Freund unterhalten könnt, ohne dass dadurch eure Fahrkünste beeinträchtigt werden. Das ist das Automatik-Programm. In ihm ist alles abgespeichert, was ihr immer wieder tut – vom Autofahren bis zum Zähneputzen.

Und dieses Programm wirkt auch auf dem Gebiet der Gedanken, und manchmal ertappt ihr euch dabei, dass ihr euch im Inneren gerade Dinge sagt, die alles andere als weise sind – Dinge, die einer Angst oder Gefühlen der Unzulänglichkeit entsprungen sind. Und dabei ist es wichtig, dass ihr euch gewahr werdet: Auf welchem Gebiet pflege ich persönlich einschränkende Monologe, einschränkende Ängste und verfalle immer wieder in alte Gedanken, die ich doch schon längst loslassen wollte? Und das gilt es ans Licht zu bringen! Häufig neigt ihr dazu, wenn ihr euch bei negativen Gedanken ertappt, sie schnell zur Seite zu wischen. Aber davon verschwinden sie nicht! Sie kommen immer wieder, weil an ihnen persönliche Überzeugungen über die Gefahren des Lebens haften! Sie müssen also bewusst verändert werden!

Zum Beispiel der Satz: „Wenn das so weitergeht, werde ich wahrscheinlich bald pleite sein!“ Ihr ertappt euch beim Denken dieses Satzes und wischt ihn schnell zur Seite, so nach dem Motto: „Das wollte ich nicht mehr denken, schnell weg damit!“ Das ist eine beliebte Vorgehensweise, die euch aber letztendlich nicht weiterbringt.
Da gibt es auch den Gedanken, der euch sagt: „Bleibe in deiner Mitte! Alles wird gut! Du bist versorgt. Glaube an dich!“ Und nun konkurrieren diese beiden Kräfte in euch. Die eine Energie möchte eine strahlende Zukunft erschaffen, die andere sieht angstmachende Entwicklungen in der Außenwelt. Ihr geht drei Schritte vor, drei Schritte zurück und wiederholt das immer wieder.

Ihr erschafft euch einen inneren Saboteur aufgrund von einschränkenden Überzeugungen und Zweifeln, die ihr beständig wiederholt. Wie kommt ihr aus diesem Dilemma heraus?

Eure Lebenserfahrung prägt persönliche Überzeugungen. Glaubenssätze, die euch sagen: „So ist meine Realität! Das ist eine Tatsache!“ Da ihr Schöpfergötter seid, wird jede persönliche Überzeugung, ungeachtet dessen, ob sie nützlich oder selbstzerstörerisch ist, zu eurer Wahrheit und damit auch für euch erfahrbar!
Wenn ihr euch dabei ertappt, dass ihr einen negativen Monolog führt, dann schreibt ihn auf! Mit dem Aufschreiben holt ihr ihn in euer Wachbewusstsein und dann fragt euch: Wie kann ich diese Aussage positiv umformulieren?

Unbewusste Glaubenssätze wie: “Ich bin nicht gut genug. Im Vergleich mit anderen habe ich keine Chance! Das, was ich tun möchte, gibt es schon zuhauf. Warum sollten sie ausgerechnet auf mich warten? Es hat alles keinen Sinn!“ bremsen euch in eurer Entwicklung aus und lassen euch auf der Stelle treten. Es geht nicht voran. Das ist der Saboteur! Ihr erschafft ihn in eurem eigenen Inneren durch unbewusste Monologe.

Manchmal glaubt ihr auch, ein anderer Mensch aus eurer Vergangenheit habe euer Leben negativ beeinflusst, und der Monolog dazu könnte folgendermaßen ablaufen: „Michael, du hast mich von A bis Z betrogen, wegen dir bin ich heute finanziell eingeschränkt. Du hast bei unserer Scheidung alles auf deine Seite gebracht, und mich hast du abgespeist und über den Tisch gezogen. Ich hasse dich!“

Könnt ihr wahrnehmen, welches Potenzial an Wut in diesen Sätzen zum Ausdruck kommt? Falls ihr niemals über diese Ungerechtigkeit gesprochen und keine Träne bei eurer Scheidung vergossen habt, dann ist es wichtig noch einmal in die Vergangenheit – nach Sodom und Gomorrha – zu gehen und euer Leid herauszulassen. Macht eine Therapie oder vertraut euch einer Freundin an. Sprecht über diese erlebte Situation. Verzeiht euch selbst, dass ihr nicht perfekt wart. Zieht einen Schlussstrich, indem ihr euch auf das konzentriert, was vor euch liegt.

Da aber dieser Monolog im Autopiloten drin ist, kommt er immer wieder, wenn ihr im Außen durch parallele Informationen getriggert werdet, in den Vordergrund. Ihr erfahrt von der Scheidung einer Freundin, und sofort läuft in euch die alte Erfahrung ab, die besagt, wie Scheidungen verlaufen.

Holt euch diesen Monolog durch Aufschreiben ins Wachbewusstsein, verbindet euch mit eurem Hohen Selbst und der Weisheit eurer Seele, versetzt euch in eine hohe Schwingung und schreibt ihn um! Nehmen wir das erste Beispiel: „Ich bin nicht gut genug …“ Eure neue Wahrheit könnte heißen: „Ich habe geniale Fähigkeiten! Und aufgrund meiner einzigartigen Erfahrungen bin ich ein Segen für die Menschen, die zu mir geführt werden. Ich vertraue auf mein Können und die immerwährende Unterstützung des Universums! Ich liebe meine Arbeit!“

Formuliert den Satz so lange positiv um, bis ihr damit rundum zufrieden seid. Und dann hängt euch diese perfekte positive Suggestion an die Wand. Lest sie täglich mindestens sieben Mal! Am besten ihr hängt die neue Aussage auf die Toilette! Und während ihr sie lest, erschafft in euch das neue Energiefeld. Spürt bewusst, wie sich dieser neue Mensch anfühlt! Es dauert einige Zeit, bis ihr sie integriert habt. Auf diese Art und Weise verlasst ihr den Schlingerkurs und gestaltet Schritt für Schritt eine neue Zukunft. Und das Materialisieren funktioniert auch besser. Seid gesegnet und in einer hohen Schwingung der Liebe! Das war Jesus Sananda.

Kuthumi

Geliebte Schülerinnen und Schüler des Lichtes, das ist Kuthumi. Du, der du dieses Buch in der Hand hältst, bist ein Schöpfergott! Du bist ausgestattet mit prickelnder, schäumender, transformierender Schöpferkraft, die dein gesamtes Wesen und deine Aura erfüllt und die sich nach Außen verströmt und magnetisch für Resonanzen ist, die in derselben Frequenz schwingen.

Das war jetzt möglicherweise ein bisschen viel. Wir werden es auseinandernehmen und genau erklären:

Du bist mit einer Energie ausgestattet, die materialisieren kann. Im physischen Bereich brauchst du eine Idee, ein Ziel, etwas, was du anstrebst zu erreichen, und das existiert als erstes nur in deinem Geist. Angenommen, es ist eine brillante Idee, die vielleicht auch etwas größenwahnsinnig daherkommt, aber mit der du dich rundum wohl fühlst.

Nehmen wir ein praktisches Beispiel: Angenommen, du möchtest einen Fernsehsender gründen mit ehrlicher, offener Berichterstattung, mit positiven weltverändernden Berichten, die der Gesellschaft und dem Leben des Einzelnen dienen. In deinem Kopf sind tausend neue Ideen für Sendungen über alternative Heilmethoden, neue Erfindungen und unterdrückte Wahrheiten, die den

Menschen helfen würden. Du stehst in einem inneren Film und siehst dich live bei einem mitreißenden Vortrag. Dir kommen Ideen, wen du gerne einladen und interviewen möchtest. Du siehst dich im Gespräch mit bekannten Persönlichkeiten, und es macht dir einen riesigen Spaß.
Diese ganzen Vorstellungen sind momentan lediglich in deinem Kopf! Sie bombardieren dich Tag und Nacht! Sie haben etwas Mitreißendes, Gigantisches, dass du deutlich in deinem Inneren fühlst und du weißt außerdem, das genau dieses Bedürfnis nach Ehrlichkeit, Menschlichkeit und einem heilsamen Miteinander der Gesellschaft fehlt – sie lechzt geradezu danach!
Wie kannst du dein Ziel umsetzen?
Vielleicht schreibst du dir einen Zettel mit den Dingen, die du für die praktische Umsetzung benötigst. Du planst alles erst einmal minimalistisch und brennst darauf zu starten. Über welches Thema würdest du gern als erstes referieren? Wen möchtest du interviewen? Du produzierst in deinem Wohnzimmer mit deiner eigenen Kamera eine Eröffnungssendung, die deine Ideen für den neuen Sender präsentieren. Nach der Bearbeitung des Filmes auf deinem eigenen Computer zeigst du ihn einigen guten Freunden. Einer von ihnen ist voller Begeisterung und steuert neue Ideen bei, erschafft dir ein Logo und einen Vorspann. Dein selbstproduzierter Film kommt jetzt richtig professionell rüber!

Auf diese Art und Weise könnte der Start in ein neues Projekt verlaufen. Deine eigene Freude und Begeisterung machen dich magnetisch für himmlische Unterstützung und du wirst vollautomatisch mit Gleichgesinnten zusammengeführt oder erhältst Angebote für die Ausstattung deiner Idee. Wichtig dabei ist, dass du physisch damit startest! Solange es nur eine

Vorstellung in deinem Kopf bleibt, der keinerlei praktische Schritte folgen, bleibt es bei einer Idee. Was dich magisch macht, ist die Freude bei der Umsetzung. Schon in der Bibel steht: „Gehe du die erste Meile, dann schenkt dir Gott die zweite dazu!“

Das bedeutet, du darfst aktiv werden! Es bedeutet nicht, dass auf Wolke sieben ein Erbsenzähler-Gott sitzt, der dein Projekt kritisch betrachtet und entweder befürwortet oder ablehnt. Du hast die göttliche Energie in dir! Dein Inneres „Ja“, deine Begeisterung, deine Überzeugungen, aber auch deine Zweifel bauen an dem Projekt mit.

Was möchte ich der Welt schenken?

Jesus Sananda

Meine Lieben, gerade in der westlichen Welt habt ihr eine bestimmte Ausrichtung, bei der ihr immer wieder vor eine Wand lauft, weil sie nicht im Einklang mit den universellen Gesetzen ist! Ihr habt sehr stark die Programmierung „schneller, höher, weiter, erfolgreicher“ in euch verankert. Sie wird euch bereits in der Schule eingeflößt und es gibt unzählige Bücher und Kurse über Selbstoptimierung und wie ihr eure Ziele erreicht. Und manchmal funktioniert das auch.

Aus unserer Sicht gibt es dabei einen Punkt, der zu kurz kommt: Ist mein Ziel eine Herzensangelegenheit von mir oder eine Ego-Nummer? Was möchte ich der Welt und den Menschen schenken? Was möchte ich gern einbringen zur Unterstützung des göttlichen Planes? Welche Aufgabe bringt mein Herz zum Jubeln?

Diese Antworten findest du im Kontakt mit deiner Seele! Gehe in die Stille oder frage dich in Momenten der

Entspannung oder im Urlaub: Was würde mir die größte Freude bereiten? Wofür begeistere ich mich? Was ist total meins? Und dann tue es! Werde persönlich aktiv!
Es ist ein universelles Gesetz, dass du in Vorleistung gehst! Vorleistung bedeutet in diesem Fall: Hingabe und die praktische Planung und Umsetzung deiner Idee! Das kostet Zeit, Hinwendung, Energie und macht Arbeit. Aber das Universum unterstützt dich tatkräftig und belohnt dich mit Erfolg!

Hört auf, euch schuldig zu fühlen!

Konfuzius
Meine Lieben, ihr könnt viel lernen aus der Natur. Wenn ihr die Tiere im Wald beobachtet: Sie haben alle ein Nest, eine Höhle, einen Bau erschaffen, wo sie leben, und wenn er ihnen nicht mehr dienlich ist, wenn Zuwachs kommt, dann bauen sie größer.

Wenn ihr das Ganze auf die menschliche Ebene holt, da war es bis vor einigen hundert Jahren auch selbstverständlich, dass ihr euch irgendwo niedergelassen und gebaut habt. Es hat also irgendwann in eurer Geschichte einmal einen geschäftstüchtigen Menschen gegeben, der auf die Idee gekommen ist: Dieses Stück Land, das messe ich jetzt ab, spanne einen Strick darum und verkaufe es an den nächstbesten Idioten, der vorbeikommt. Der muss dann ein Leben lang für mich arbeiten und es langsam abbezahlen. Wie man sieht, hat es geklappt! Auf so abartige Ideen können nur Wesen kommen, die sich von ihrer Seele und dem eigenen Herz abgespalten haben. Die Erde gehört jedem Menschen für die Zeit, die er hier als Gast verweilt!

Meine Lieben, euch wurde gesagt, ihr seid verwandt mit den Affen. Das ist weit gefehlt. Ihr seid verwandt mit den Göttern! Und seid ausgestattet mit allen Fähigkeiten, wie sie Jesus euch gezeigt hat.

Eure Politiker fahren gerade das Finanzsystem gegen die Wand und das mit Volldampf. Mittlerweile ist es dermaßen übertrieben, dass ihr jede Woche mehrere Milliarden in die Ukraine gebt, damit ein Krieg weiterläuft und die Verbrechen, die dort in Biolaboren begangen wurden, nicht ans Licht kommen.

Meine Lieben, was notwendig ist, sind Stimmen in eurer Gesellschaft, die ihre eigenen Zweifel, ihre Furcht und Zurückhaltung überwinden und deutlich darüber sprechen, was notwendig ist. Waffenlieferungen dienen nicht dem Ende eines Krieges, im Gegenteil! Folgt dem Ruf eures Herzens, eurer Seele, und macht euch stark für Weltfrieden!

Die Veränderungen, die auf der Erde anstehen, sind gravierend. Im Moment wird die Bevölkerung durchgeschüttelt, damit sie einen neuen Blickwinkel bekommt. Ihr dürft erkennen, dass ihr mit Waffenlieferungen den Frieden verhindert. Ihr dürft erkennen, dass Waffenherstellung in keiner Weise zukunftsträchtig ist. Sie haben keinerlei Nutzen für ein friedliches Zusammenleben. Die Waffenindustrie verdient am Krieg! Tut euch zusammen. Redet miteinander. Sucht den gemeinsamen Nenner und tauscht euch aus, wie ihr euch die Welt von morgen vorstellen könnt. Da gibt es die Machthaber aus dem Hintergrund. Sie haben auch Pläne. Sie würden euch gerne in ein System nach chinesischem Vorbild hineinpressen, in ein Bewertungssystem.

Dieses System kippt gerade in China. Es könnte sein, dass es irgendwo in Europa noch einmal ansatzweise zum Zuge kommt – zumindest träumen die Illuminaten davon. Aber jeder einzelne Mensch, der hier auf diesem Planeten ist, ist machtvoll. Wenn ihr klar sagt: „Das kommt für mich nicht in Frage! Da mache ich nicht mit!“ dann schreibt sich das in eure Aura ein, und ihr werdet nicht damit behelligt. Werdet euch eurer eigenen Macht bewusst! Die tatsächliche Macht liegt immer bei der Bevölkerung!
Haltet zusammen!

Meine Lieben, ihr habt zum Beispiel in Deutschland sehr hohe Energiepreise. Wenn ihr in die Nachbarländer schaut, geben sie ungefähr 30 bis 50 Prozent von dem aus, was ihr bezahlt. Eure Krankenversicherung hat einen Mondpreis, und trotzdem müsst ihr Zuzahlungen leisten. In anderen Ländern ist sie kostenlos oder hat einen Sozialpreis von etwa 30 bis 60 Euro monatlich. Solche Unterschiede darf es nicht geben! Außerdem habt ihr sehr merkwürdige Steuern, die es sonst nirgends gibt: Steuer für die Kirche, Steuer für die Hunde und Solidaritätsausgleiche. Eine CO^2-Steuer ist in der Planung.

Ihr werdet auf eine Art und Weise ausgebeutet, die vollkommen daneben ist! Das deutsche Volk ist sehr angepasst und pflichtbewusst. Es wurde in ein Schuldprogramm hineingepresst, indem man euch unterstellt hat, für zwei Weltkriege verantwortlich zu sein.

Ihr wurdet schuldig gesprochen, aufgeteilt, militärisch besetzt und zu Reparationszahlungen verdonnert. Aber ihr seid es nicht! Falls ihr euch für etwas schuldig gemacht habt, dann sind es die Leichtgläubigkeit und der vorauseilende Gehorsam!

Es waren wie immer die Kräfte aus dem Hintergrund, die provoziert und alles getan haben, um jeden Krieg in den letzten 300 Jahren anzuheizen und in Gang zu bringen. Meine Lieben, hört auf, euch für irgendetwas schuldig zu fühlen! Und fordert Gerechtigkeit! Militärisch seid ihr noch immer von Amerika besetzt. Eure Politiker dürfen keine eigenen Entscheidungen treffen. Sie lassen sich die Energieleitungen sprengen und halten den Mund, damit niemand merkt, wer es getan hat.

Der Zusammenbruch der alten Welt

Konfuzius
Meine Lieben, die Erde, die Gesellschaft, euer Planet, befindet sich im größten Wandel der Menschheitsgeschichte. Euer Planet wurde vor etwa 300 bis 400 Jahren von einem korrupten System übernommen, das immer mächtiger, immer stärker geworden ist, und das alle Lebensbereiche der Erde in ein Korsett gepresst hat. Das dreht sich gerade ins Gegenteil! Viele von euch sind auf die irdische Ebene gekommen, um bei diesem Wandel mitzuhelfen. Ihr seid reife und alte Seelen, die sich bereit erklärt haben, diesen Planeten aus den Fängen des Bösen zu befreien.

Meine Lieben, was euch bevorsteht auf der Erde ist ein Wandel der gewaltig ist. Viele von euch befinden sich in einem intensiven Erwachensprozess. Sie spüren, es gibt weit mehr zwischen Himmel und Erde als das, was man euch in der Schule erzählt hat.

Ihr spürt, ihr habt eine Seele, ihr habt ein Bewusstsein, und eure Gedanken verfügen über Kräfte der Materialisation. Und all das verbreitet sich mehr und mehr. Die Schwingung der Erde erhöht sich, und damit beschleunigt sich auch eure Materialisationszeit. So möchten wir es betiteln.
Materialisationszeit bedeutet, dass zwischen dem, was ihr in eurem Kopf an Gedanken und zukünftigen Ereignissen produziert, und dem Eintreten derselben die Zeit verkürzt ist.

Wenn ihr euch selbst beobachtet und wahrnehmt: Was läuft in meinem Kopf ab? Was kreiere ich mir? Ist das, was ich denke und mir vorstelle, zukunftsträchtig? Möchte ich das wirklich erleben oder besser nicht? Dann seid ihr aufgefordert: Schaue dahin! Gehe in die Selbstverantwortung für deine Gedanken! Korrigiere Bilder und Sätze, die nicht das Ergebnis zeigen, das du haben möchtest.

Die Erde wurde von circa 300 Familien übernommen und seit einigen hundert Jahren ausgebeutet. Die Menschheit wird versklavt, verdummt und klein gehalten. Das bricht gerade jetzt auf durch euren Bewusstseinswandel!
Ihr spürt die Auswirkungen überall. Man hat euch beispielsweise ein Finanzsystem aufgedrängt, das sogenannte Fiat-Geld-System, in dem Geld erschaffen wird von privaten Besitzern, den Rothschilds.

Das „Scheingeld“ wird den Menschen geliehen, und die Besitzer werden reicher und reicher. Sie besitzen letztendlich die gesamte Erde, aber die Bevölkerung und die Staaten sind verschuldet und sollen diese Schulden weiter abtragen. So lief es über Jahrhunderte.

All das steht kurz vor dem Zusammenbruch. Viele Länder auf der Erde haben sich bereits aus dem alten System befreit. Sie haben ein neues, goldgedecktes Finanzsystem aufgebaut, und das führt dazu, dass das alte System, der Euro, der Dollar, gerade am Zusammenbrechen ist.

Früher war der Dollar sinngemäß die Welt-Leitwährung. Rohstoffe durften viele Jahre nur in Dollar gehandelt werden. Das ist jetzt vorbei! Er wurde durch die goldgedeckten Währungen der BRICS-Staaten ersetzt und abgelöst, und damit steht der Zusammenbruch des Finanzsystems im Westen unmittelbar bevor. Das möchten wir betonen!

Es ist wichtig, dass ihr für etwa drei Wochen Lebensmittel zu Hause habt, so dass ihr euch selbst versorgen könnt. In dem Moment, in dem das Finanzsystem zusammenbricht, wird es vorübergehend so sein, dass keiner mehr an sein Geld herankommt. Das Erste, woran ihr es merkt: Die Banken sind geschlossen. Die Geldautomaten sind außer Betrieb. Es ist alles wie eingefroren.

Danach schließen dann die Geschäfte. Ihr könnt dann nicht mehr einkaufen wie bisher. Es kann sein, dass die Geschäfte ihren Warenbestand verschenken oder gegen Gutscheine oder gegen Aufschreiben herausgeben. Diese Wahrscheinlichkeit besteht. Aber es brechen dann auch sämtliche Nachlieferungen ein.

In dieser Phase ist alles unsicher, und da ist es wichtig, dass ihr in den Familien zusammensteht und mit euren Nachbarn redet. Sprecht miteinander, und vielleicht könnt ihr auch Waren tauschen. Das kann für eine bestimmte, begrenzte Zeit wichtig sein.

Die Wahrscheinlichkeit ist gegeben, dass es in dieser Zeit Ausgangssperren gibt. Die Regierung wird vom Militär übernommen, und es finden Verhaftungen statt. Es laufen schon jetzt verdeckte Operationen.
Ihr spürt deutlich, eure Politiker sind Marionetten. Sie dienen einem nicht sichtbaren Regime, und eigentlich wäre es ihre Aufgabe, dem Volk zu dienen und alles zu tun, damit das eigene Volk in Gerechtigkeit, in Frieden, in gegenseitiger Achtung, Zufriedenheit und Wohlstand zusammenleben kann. Das wird sich in der Zukunft etablieren!

Was ihr in nächster Zeit erleben werdet, ist, dass sehr viele Lügengeschichten, die euch aufgetischt wurden, auffliegen. Ihr bekommt glasklar mitgeteilt, was wirklich geschehen ist. Und in dieser Zeit wird euer Fernsehprogramm sehr interessant!

Nach dem Zusammenbruch des Finanzsystems verändern sich viele Bereiche. Die Börse und Pharmakartelle, die nur Geld aus dem System ziehen, um es umzuverteilen, werden zusammenbrechen. Es wird auch in der Zukunft Medikamente geben, aber sie werden mehr auf den Menschen abgestimmt sein.
Im Moment ist es so, dass die Pharmaindustrie irgendein neues, recht teures Medikament zusammenbraut und dann überlegt: Wofür könnten wir es einsetzen? Was

haben denn die Leute gerade?
Und dann wird für dieses Medikament eine Krankheit erfunden, und es wird verbreitet. Falls es dann auch noch schädlich ist, verdienen sie doppelt. Dieses ganze System ist vollkommen krank, und dahinter stecken diese 300 Familien. Auch sie werden festgenommen und müssen für alle ihre Verbrechen geradestehen.

Ebenso ist es mit eurem Energiesystem. Euch wird gesagt, ihr seid abhängig von Öl, vom Gas und allen erdenklichen fossilen Brennstoffen. In Wirklichkeit hat eure Erde ein Energiefeld mit freier Energie.
Viele Länder haben das bereits erkannt. Die Motoren mit freier Energie und Magnetstrommotoren sind bereits in Massenproduktion. Aber nicht in Europa und in den USA. Es gibt zwar auch hier Bastler, die solche Erfindungen empfangen haben, weil diese Neuerung im Energiefeld der Menschheit abrufbar ist. Alle Erfinder, die sich damit beschäftigen, kommen recht schnell an diese Energie heran. Freie Energie ist keine Illusion. Es ist etwas, womit eure Erde ganz natürlich ausgestattet ist!

Meine Lieben, ihr steht vor einem Wandel, der gewaltig ist. Eure Schulen lehren ein Weltbild, das vollkommen daneben ist. Die Geschichte ist falsch. Das Aussehen der Erde ist falsch. Die ganze Weltraumfahrt ist erfunden und erlogen.
Ihr werdet in den nächsten Monaten oder Jahren mit Informationen konfrontiert, zu denen vielleicht im ersten Moment euer Verstand sagt: „Das kann nicht sein! Das kann ich einfach nicht glauben!“ Lasst es erst einmal sacken. Und wenn ihr bereit seid, dann schaut es euch nochmal an. Es räumt auf mit verschiedenen Unstimmigkeiten, die bisher vielleicht auch da waren, die ihr

aber nie zu Wort habt kommen lassen.

Meine Lieben, ihr seid in einem Wandel, der gewaltig ist. Die Gesellschaft verändert sich. Ihr werdet ein gesellschaftliches System aufbauen, in dem jeder Mensch versorgt ist und es Freude macht zu leben. Wenn ihr eure Tiere seht im Wald, dann sind sie von Natur aus versorgt. Und genauso ist es auch für den Menschen vorgesehen!

Ihr müsst Energie und Lebensrecht nicht mit lebenslanger Arbeit erkaufen. Es ist genügend für alle da! Ihr könnt euch gerne einbringen und die neue Welt mitgestalten, aber nicht als abhängiger Lohnsklave, der 50 Jahre zu arbeiten hat. Folgt euren eigenen Interessen, die euch Freude machen. Ihr könnt natürlich auch arbeiten gehen, wenn ihr das möchtet, aber im Universum ist dieser Plantet, auf dem ihr gerade seid, mit seiner ausufernden Arbeitspflicht einmalig.

Der Mensch sollte frei in seiner Selbstentfaltung und -bestimmung sein. Politiker haben die Aufgabe, dem Volk zu dienen, Konflikte zu beseitigen, Missverständnisse auszuräumen und weltweiten Frieden zu sichern. In diese Richtung verändert ihr euch.

Wann haben eure Politiker das letzte Mal etwas Gutes für das Volk getan? Wann haben sie das Rentenalter heruntergesetzt? Wann haben sie euch mit Geld, mit Grundstücken oder Häusern beschenkt? Ihr bekommt eine Bratwurst, wenn ihr euch mit einem Giftcocktail impfen lasst!
Meine Lieben, es hat sich auf der Erde so zugespitzt, dass ihr die Sklaverei auf einem Silbertablett präsentiert

bekommt, und das ist notwendig, damit die Menschen wach werden, damit sie sich fragen:
Wem dient das Ganze? Wer profitiert davon? Wie möchte ich in Zukunft leben? Was wäre sinnvoll? Wie möchte ich mich ernähren? Welche Dinge möchte ich lesen, möchte ich mir einverleiben? Womit möchte ich mich beschäftigen? Trefft bewusste Entscheidungen mit dem Herzen!

Wichtig ist, dass ihr wahrnehmt, dass ihr frei seid! Es sind eure Gedanken, eure Ängste, eure Befürchtungen, die euch in eine Zwickmühle bringen und in ein Korsett pressen, aber eigentlich seid ihr schon frei. Nehmt euren Mut bewusst wahr! Fühlt in euch Freiheit, Leichtigkeit und Lebensfreude! Und hört auf, Dinge zu tun, die ihr längst als falsch erkannt habt.

Man hat euch ein gesellschaftliches System übergestülpt, welches nicht der Menschheit dient und damit auch nicht zukunftsträchtig ist! Ihr werdet künstlich gespalten und gegeneinander aufgehetzt. Sobald eine bestimmte Anzahl Menschen sich einig ist, dass sie jetzt in Frieden und Gerechtigkeit leben möchte, kippt das korrupte System. Ihr seid im größten Wandel der Menschheitsgeschichte!
All das, die gesamte Korruption und das Verbrechen an den Menschen, kommt gerade ans Licht, und eure Politiker spüren, dass sie nur noch auf Zeit in einer bestimmten Position sind und ihre Verhaftung unmittelbar bevorsteht, und deshalb lassen sie auch jede Vorsicht fallen.

Meine Lieben, achtet auf eure Gedanken. Achtet auf eure Ausrichtung. Letztendlich geht alles in die richtige Richtung. Das Einzige, was sie noch gewinnen können, ist Zeit. Aber die Wahrscheinlichkeit ist groß, dass ihr jetzt in die Hochphase des Wandels kommt.

Frage:
Wie wird es weitergehen? Worauf sollen wir uns vorbereiten?

Konfuzius
Der Kopf der Schlange befindet sich in Amerika und in Westeuropa, so möchten wir es einmal ausdrücken. Ihr werdet im Moment von den anderen Ländern energetisch ausgetrocknet. Sie haben sich zusammengetan zu einem Verbund, den sogenannten BRICS-Staaten, und sie wollen, dass dieses alte korrupte System, das die Welt tyrannisiert und mit Kriegen überzogen hat, beseitigt wird. Und sie wissen auch, dass es um die Elite und ihre Handlanger geht und nicht um die Bevölkerung. Deshalb müsst ihr keinen Krieg fürchten. Die NATO wird entwaffnet über die Ukraine, und das ist gut so!
In Amerika ist der Prozess der Aufarbeitung etwas weiter vorangeschritten, aber er ist nicht vollendet. In Europa haben sich verschiedene Länder herausgenommen und für sich entschieden: „Da spielen wir nicht mehr mit! Wir versorgen jetzt unsere eigene Bevölkerung, und bei dem, was ihr da treibt und vorhabt, sind wir nicht mehr dabei!" Die EU bröckelt.

Meine Lieben, ihr werdet aus euren Massenmedien mit Angst konfrontiert. Es kommt aber zu keinem dritten Weltkrieg – es kommt zumindest zu keinem Kriegszustand, wie ihr ihn aus der Vergangenheit kennt. Auch dann, wenn ihr vorübergehend eine Militärregierung bekommen solltet. Das könnte kurzfristig stattfinden. Die

NATO wird aufgelöst und entwaffnet. Sie ist der verlängerte Arm der Superreichen und überzieht eure Welt seit Bestehen mit Kriegen. Um Weltfrieden zu erreichen, muss sie aufgelöst werden! Und in dieser Phase befindet ihr euch.
Arbeitet an euch, bleibt in eurer Mitte und helft euch gegenseitig. Das ist wichtig! Und dann wird sich auch das gesellschaftliche Leben nach und nach verändern.
Die Bevölkerung geht durch einen intensiven Erwachensprozess!
Gut meine Lieben, das ist das, was wir gegenwärtig dazu sagen können. Seid liebevoll zu euch selbst, bleibt in eurer Mitte, in eurer Gelassenheit. Unterstützt euch gegenseitig. Vernetzt euch mit anderen. Seid glücklich, seid fröhlich und feiert, dass ihr schon bald frei seid – befreit von einem korrupten System. Seid gesegnet, seid in der Liebe, das war Konfuzius.

7 Jahre

Frage:
Ich weiß, dass ihr diese Frage nicht leiden könnt, aber ich stelle sie trotzdem: Wie lange dauert dieser Wandel? Es gibt viele Menschen, die bereits ausgewandert sind oder derartiges planen. Aus diesem Grund würde ich gern wissen, ob es irgendeinen zeitlichen Rahmen gibt?

Kuthumi
Wir begrüßen euch ganz herzlich, das ist Kuthumi. Auf der Erde findet ein gewaltiger Wandel statt. Manchmal denkt ihr darüber nach: Soll ich besser auswandern? Soll

ich dieses verrückte Land verlassen? Wäre es anderswo besser? Das sind Überlegungen eures Verstandes. Diese Veränderungen finden auf der gesamten Erde statt!
Natürlich gibt es Länder, die ein Stück weiter sind mit dem Aufbau einer gerechten Gesellschaft. Es sind die Länder, deren Politiker ein Bad im Volk nehmen können und dabei bejubelt werden und Beifall erhalten. Sie haben sich für Gerechtigkeit und Fairness eingesetzt und setzen das um, was das eigene Volk möchte! Und dafür werden sie geliebt und geachtet. Das ist die Zukunft der Welt!

In jedem Land der Erde gibt es Politiker, die in den göttlichen Plan des Wandels eingeweiht sind, und die sich mit Leidenschaft für eine gerechte Welt einsetzen. Ihr erkennt sie an ihren Taten. Sie setzen sich für Gerechtigkeit und Weltfrieden ein. Aber sie haben, wie jeder Mensch, einen freien Willen und könnten auch nach Amtseinführung eine 180-Grad-Wende hinlegen und sich von den Illuminaten erpressen lassen. Am Ende gewinnt das Licht!

Kommen wir zurück zum Thema Auswandern:
Die meisten Menschen denken dann übers Auswandern nach, wenn ihre Kinder bedroht sind vom Krieg, oder wenn es deutliche Anzeichen einer Diktatur gibt, oder wenn sie ein Berufsverbot oder eine Verhaftung ereilen könnte.

Aus diesem Grund möchten wir euch an dieser Stelle sagen: Der gesellschaftliche Wandel auf der Erde dauert etwa sieben Jahre und hat 2020 begonnen.
Wir machen ungern Zeitangaben, und es besteht auch die Gefahr, dass sich nicht jedes Land an die Zeitvorgabe hält. Genauso wie es Länder gibt, bei denen dieser Wandel vor 30 Jahren anlief, und sie haben dadurch bedingt

eine andere Basis, auf die sie aufbauen können.
Aber ihr solltet doch wissen, dass dieser Prozess ein Ende hat. Lügen und Vertuschungen können nicht ewig halten! In dieser Zeit der gesellschaftlichen Veränderung durchlauft ihr viele Phasen: Den Aufbau einer Diktatur, das Sterben von Menschen, das Erwachen der Massen. Ein chaotisches Ringen der Mächtigen. Widerstand und Vernetzung der Bevölkerung. Tägliche Skandale und Horrormeldungen. Den Zusammenbruch der Wirtschaft und des Finanzsystems. Kriegsgefahr und Militärregierung, Entwaffnung, hochkarätige Verhaftungen, Schauprozesse, Volksabstimmungen, neue Gesetze, ein neues Finanzsystem, Entschädigungen und den Beginn des Aufbaues einer gerechten Gesellschaft.

Es gibt einen himmlischen Plan zur Befreiung der Erde. Er ist äußerst umfangreich und betrifft jedes Land, jede Regierung, alle Besitztümer und Organisationen. Neue lichtvolle Werte, Menschlichkeit, Gerechtigkeit und Weltfrieden werden immer mehr in den Vordergrund rücken.
Der Feinschliff kommt erst später, wird aber schon jetzt geplant. Überall auf der Erde gibt es lichtvolle, weit entwickelte Seelen. Es ist wichtig, dass ihr euch untereinander vernetzt. Eure Seelen kennen sich schon ewig aus dem feinstofflichen Bereich. Vielleicht habt ihr im Jenseits miteinander diskutiert, ob ihr noch einmal auf diesen kriminellen Arbeitsplaneten mit dem korrupten System gehen sollt?
Der Zusammenbruch des alten Systems geschieht mit hoher Wahrscheinlichkeit in der Mitte dieser sieben Jahre.
Ihr könnt dann aufatmen, wenn die selbsternannten Philanthropen verhaftet und zur Rechenschaft

gezogen werden. Sie werden enteignet, und ihre weltweiten Besitztümer den Nationalstaaten übergeben, die dann im Einklang mit der eigenen Bevölkerung neue Wege beschreiten.

Viele Menschen fühlen sich in dieser Zeit zu etwas Neuem berufen und spüren, sie möchten den Kontakt zu Menschen, die offen sind. Zu Herzmenschen, die untereinander einen liebevollen Umgang pflegen, die sich öffnen, neue Gedanken zulassen und neue Konzepte erarbeiten, die über freie Energie sprechen, wo Bewusstseinsarbeit dazu gehört, Liebe, Anerkennung und miteinander Lachen und Glücklichsein. Erschafft euch ein Erkennungssignal z.B. ein weißes Armbändchen – dann kommt ihr auch an eurem Wohnort leichter in Kontakt.

Meine Lieben, Lachen tut euch so gut! Und wenn wir Europa betrachten, dann ist Lachen so selten geworden. In einigen Ländern sind die Menschen verbittert und ernst. Der Mangel an Freude und Herzlichkeit verkürzt euer Leben, werdet euch dessem bewusst! Wenn ihr mit Menschen zusammen seid, die offen sind und auch über die Macht der Gedanken Bescheid wissen, dann verändert sich das Energiefeld, und ihr baut gemeinsam eine hohe Schwingung auf. Versorgt euch mit alternativen Informationen, die gibt es immer mehr.
Es gibt neue Radio- und Fernsehsender, die ihr über Telegram oder eine App empfangen könnt. Sie berichten anders, haben alternative Nachrichten und es gibt auch viele Informationen über den Bewusstseinswandel des Menschen. Tut euch mit Menschen zusammen, die auch auf ihrem Lichtweg unterwegs sind.

Ihr braucht den Kontakt zu Gleichgesinnten. Das ist notwendig. Und wenn ihr zu einem Treffen kommt, wo sich hundert oder zweihundert oder noch mehr Menschen treffen, die alle auf diesem Bewusstseinsweg unterwegs sind, dann spürt ihr, in diesem Raum ist eine Kraft, eine Energie, das ist pures Licht, pure Leidenschaft, pure Lebensfreude und ihr seht euch in die Augen, ihr lächelt euch an und vielleicht erkennen eure Seelen sich wieder nach langer, langer Zeit der Suche.

Wenn ihr euch begegnet, dann beschenkt ihr euch mit Zuversicht, Mut und Herzlichkeit und ihr spürt, dass eure Seele ganz genau weiß, dass das Licht gewinnt! Und wenn die Gegenwart noch so rabenschwarze Flecken hat, ihr spürt die Energie, die euch verbindet, und diese Energie ist Licht!
Meine Lieben, daraus entstehen neue Verbindungen, Ideen werden miteinander besprochen, Spontanität zieht ein. Ihr findet dann vielleicht Kunden oder Teilnehmer für das, was ihr im Irdischen tut und womit ihr euch euren Lebensunterhalt verdient. Viele von euch haben neue Ideen. Viele von euch möchten ihr eigenes Leben verändern. Diese Treffen mit Gleichgesinnten sind sehr wichtig und können sehr fruchtbar sein.

Meine Lieben, geht in die Liebe, in die Ausgeglichenheit, lasst eure Ideen wachsen, teilt sie mit anderen, geht aufeinander zu, unterstützt euch gegenseitig. Ihr seid machtvolle, lichtvolle Wesen und ihr seid hier, weil der Planet Erde euch gerufen hat! Das war Kuthumi.

Schulverweigerung und Organhandel

Konfuzius
Meine Lieben, ihr befindet euch im größten Wandel, den die Erde jemals erlebt hat. Alle Menschen, die hier auf diesem Planeten anwesend sind, haben auf Seelenebene eine Entscheidung getroffen, ob sie durch diese Veränderung gehen möchten und diesen Bewusstseins- und gesellschaftlichen Wandel mitmachen, oder ob sie den Planeten verlassen, weil ihnen dieses Spiel zu heiß wird. Diese Entscheidung wurde von jeder einzelnen Seele auf der Traumebene getroffen.

Und jetzt seid ihr mitten im gesellschaftlichen Wandel. Das bedeutet, dass alte Übereinkünfte, die besagen, wie ihr zusammenzuleben habt, dass diese jetzt neu geordnet werden. Dieser Wandel benötigt Menschen, die mitmachen!Ein Phänomen dieser Zeit ist es, dass Kinder sich verweigern, zur Schule zu gehen. Sie haben keine Lust mehr, sie möchten nicht mehr irgendetwas Antiquiertes auswendig lernen, was sie nie wieder im Leben gebrauchen können.

Sie haben den Wunsch nach praxisorientiertem und interessantem Wissen. Sie haben den Wunsch, bewusst denken und hinterfragen zu lernen und damit zu eigenen Erkenntnissen zu kommen. Sie haben den Wunsch die Welt zu erforschen und auf Wahrheit zu überprüfen. Die Aufgabe der Schule ist es, junge Menschen an die Natur, an die Kunst und ihr inneres Potenzial heranzuführen und nicht nur mit unsinnigem Wissen abzufüllen und abzurichten auf ein Untertanen-System, das gerade am Zusammenbrechen ist.

Ihr habt beispielsweise in den Industrieländern und fast auf der gesamten Welt eine Arbeitspflicht. Man könnte sagen, die Erde ist der Arbeitsplanet. Aber das ist nicht in eurem Seelenplan festgeschrieben!
Alle Seelen, die auf die Erde kommen, möchten sich selbst erkunden. Sie sehnen sich nach Liebe, nach Anerkennung, nach Selbstentfaltung, nach einem lustigen, abenteuerlichen Leben in Freiheit, mit Leichtigkeit, mit Lebensfreude und nach Austausch mit anderen Menschen. Diese Wünsche kommen immer stärker auf die irdische Ebene. Und eure Kinder tragen sie in sich!

Verbindet euch mit gleichgesinnten Menschen, die zum Leben „Ja“ sagen, die diese Veränderung mitgestalten möchten, die mutig sind, die eine eigene Meinung haben und sich nicht in ein überholtes System pressen lassen. Ihr braucht keine Angst vor diesen Veränderungen zu haben, gestaltet sie lieber bewusst mit.

Die Menschen, die auf einem hochschwingenden Planeten leben, sind auch gut versorgt. Sie haben ein Recht auf günstigen oder kostenlosen Wohnraum, auf Wasser, energetische Versorgung und zeitgemäße technische Ausstattung, auf freie Selbstentfaltung und ein natürliches Gesundheitssystem, welches den Menschen als Ganzes betrachtet.

Meine Lieben, ihr bringt viele Altlasten mit, die sich jetzt

verändern dürfen. Euer Gesundheitswesen dient nicht mehr dem Menschen, sondern dem Profit!
Der Einfluss von Nichtregierungsorganisationen und selbsternannten Philanthropen und ihren geisteskranken Pläne sind katastrophal. Aber sie werden nicht zum Zuge kommen, wenn die Bevölkerung dagegen steht!

Viele von euch wissen um alternative Heilverfahren. Ihr wisst beispielsweise, dass Vitamine und Bäder eurem Körper guttun. Und es gibt viele natürliche Mittel, die den menschlichen Körper heilen!
Ihr wart schon einmal in einer Zeit, in der gerade die Medizin sehr weit entwickelt war. Damals wurde sehr viel weniger operiert. Es gab viele Naturheilverfahren, Homöopathie und natürliche Mittel, die euer körpereigenes Immunsystem gestärkt, optimiert und so unterstützt haben, dass es zu einer stabilen, guten, klaren Gesundheit geführt hat.
Der Geist und die Seele sind mit einbezogen worden. Irgendwann einmal, vor etwa hundert Jahren, wurde dieses System übernommen von den Rockefellers. Sie haben aus den medizinischen Lehrplänen die Naturheilverfahren herausgenommen und dafür sehr viel mehr Chemie eingeführt.
Operationen waren auf einmal sehr wichtig und vor allem profitabel. Nicht immer, wenn bei euch operiert wird, ist das notwendig. Wirkliche Gesundheit kostet nicht viel! Es gibt Naturheilverfahren und den natürlichen Umgang mit Krankheit. Überall in der Natur gibt es Pflanzen, Kräuter, Mineralien, die eurer Gesundheit dienen. Für jedes Gebrechen, das ihr auf irdischer Ebene habt, ist ein Kraut gewachsen. Die Homöopathie ist gerade für Menschen, die in einem hohen Seelenalter sind, sehr wertvoll. Sie brauchen nur eine potenzierte Erinnerung, und dann

werden die körpereigenen Selbstheilungskräfte alles wieder ordnen.
Meine Lieben, die Gewinnorientierung der Medizin hat letztendlich Züge angenommen, die an Perversität nicht mehr zu überbieten sind. Heute ist es so, dass mit Organen gehandelt wird. Transplantationen sind sehr angesagt und sie werden euch mit Fortschritt und Menschlichkeit angepriesen. Aber nicht aus der geistigen Welt!
In manchen Ländern müsst ihr widersprechen, falls ihr eure Organe behalten möchtet. Denn es wurden Gesetze erlassen, die jeden automatisch zum Organspender machen. Ihr solltet euch gut überlegen, ob ihr eure Organe zu einer Transplantation hergeben möchtet. Denn bei dieser Prozedur wird euch einiges verschwiegen!

Eine Person, die als klinisch tot oder hirntot diagnostiziert wird, ist ein potenzieller Organspender. Der Begriff „hirntot" wurde nur erfunden für die Organtransplantation. So etwas gibt es nicht!
Wenn Organe entnommen werden, wird der Spender bei dieser Operation festgeschnallt und das ist notwendig, weil er sich heftig dagegen wehrt. Diese Organe werden bei wachem Bewusstsein entnommen. Das heißt ohne Narkose. Weil eine Narkose den Organen schaden könnte, werden sie ohne Betäubung entnommen. Das ist für den Spender ein gewaltiger Stress! Er wehrt sich mit allem, was möglich ist und dann ist auch nichts mehr von einem Hirntod zu sehen.
Oft hat so ein Organspender am Ende dieser Prozedur vor Aufregung und innerem Kampf weiße Haare, selbst dann, wenn er erst 12 Jahre alt ist.

Meine Lieben, wir erzählen euch das, damit ihr euch gut

überlegt, was ihr persönlich tut!

Ihr seid aufgefordert, euch zu informieren und zu schauen: Welche Entscheidungen treffe ich für mich persönlich? Für mein Leben? Wir wissen, dass viele von euch nachts wach liegen und überlegen: Wie soll ich mich in dieser Situation entscheiden? Informiert euch allumfassend, und dann trefft die Entscheidung mit eurem Herzen!

Ja, meine Lieben, nehmt eure eigene Kraft an. Versetzt euch täglich in einen hochschwingenden, brillanten Zustand. Sagt „Ja“ zu einem neuen Leben und zu einer neuen Erde!
Tut euch mit anderen zusammen, die ebenso denken. Seid glücklich, seid voller Begeisterung, seid humorvoll, lacht – sogar über eure eigenen Fehler. Nehmt das Leben nicht so ernst, dann gestaltet es sich einfacher um. Ihr werdet das Endergebnis lieben. Das versichern wir euch!

Frage:
Eure Aussagen über Organspende haben mich ziemlich erschüttert. Wie ist das eigentlich, wenn so ein ausgeschlachteter Mensch ins Jenseits kommt? Dann ist er ja nicht komplett, weil seine Organe in einem oder mehreren anderen Körpern weiterleben? Hat das Auswirkungen auf die Seele oder künftige Leben?

Konfuzius
Ja und nein. Wir müssen dafür ein wenig weiter ausholen: Die Seele ist im physischen Sinne nicht verletzbar, da sie eine unverletzbare Blaupause besitzt. So kann beispielsweise ein Mensch, der physisch einen

Arm verloren hat, denselben immer noch jucken fühlen, obwohl er ja nicht mehr da ist. Das, was da juckt, ist das feinstoffliche Körperteil. Im Falle von Organen gibt es eine feinstoffliche Matrix, die nicht entnehmbar ist.
Wenn der Organspender ins Jenseits kommt, kann er sich vollständig regenerieren.
Anders ist das mit der Zellerinnerung und dem erlebten Drama. Die Wahrscheinlichkeit ist groß, dass er im künftigen Leben große Angst vor dem Krankenhaus und operativen Eingriffen hat. Die Prozedur der Organentnahme hat er als Tötung erlebt, und diese Angst sitzt in seinem Zellbewusstsein. Sie baut sich langsam ab durch positive Erfahrungen.

Frage:
Wie ist das mit dem Organempfänger? Ich habe gelesen, dass er plötzlich andere Interessen oder Speisen bevorzugt, die er früher nicht mochte?

Konfuzius
Der physische Körper, der fremde Organe empfangen hat, versucht diese wieder abzustoßen. Das ist eine normale Reaktion des Immunsystems, weil das neue Organ als Fremdkörper wahrgenommen wird. Er muss ein Leben lang Medikamente nehmen, die die Abstoßung verhindern, aber gleichzeitig sein Immunsystem herausfordern. Das ist das eine!
Jedes Organ in eurem Körper ist erfüllt mit den Vorlieben, Abneigungen, den Charaktereigenschaften und der Persönlichkeit des Menschen. Im Falle einer Organentnahme werden die Prägungen anteilsmäßig auf den Empfänger übertragen, und damit erklärt sich die neue Ausrichtung. Ähnlich verhält es sich bei der Übertragung von Fremdblut. Eure Chirurgen haben

schon länger bemerkt, dass ein Patient sein eigenes Blut viel besser verträgt als jedes fremde Blut.

Frage:
Wie ist die himmlische Sichtweise auf Organtransplantation? Findet ihr das richtig?

Konfuzius
Solange ihr von einem Weltbild ausgeht, welches den Menschen als Maschine betrachtet, kann man euch Organtransplantation als Errungenschaft verkaufen. Jeder Mensch ist ein Ersatzteillager, was nach Belieben geplündert werden kann.
Aus unserer Sicht ist es eine Perversität, wie sie nur in dunkelsten Zeiten existieren kann! Hier fehlt ganz klar die ganzheitliche Sichtweise! Der Mensch besteht aus Körper, Geist und Seele, und es gibt immer einen Grund, weshalb ein Organ nicht so funktioniert, wie es von Natur aus vorgesehen ist. Und es gibt jede Menge natürlicher Mittel, die eure Schulmedizin heute nicht mehr kennt, weil sie zu preisgünstig sind!
In dieser Zeit des Wandels ist es nötig, dass ihr euch bei Krankheiten allumfassend informiert. Ihr findet auch heute überall kundige Heiler, die mit dem Herzen dabei sind und sich aus Eigeninteressen weitergebildet haben, sowie entsprechende Literatur. Das alte System, das die Schulmedizin anpreist und die Naturheilkunde aus den Lehrplänen geworfen hat, hat keine Zukunft. Aber jeder Einzelne kann sich durch eigenes Erkennen selbst davon befreien. Und dieser Prozess läuft auf Hochtouren!
Es gibt auch heute wertvolle Entdeckungen und neue Diagnose-Verfahren, die für die Heilung des Menschen sehr wertvoll sind. Auf dem Gebiet der Schwingung, der

Musik und Lichtfrequenzen warten viele neue Möglichkeiten auf euch. Seid gesegnet, seid in der Liebe, das war Konfuzius.

Plötzlich und unerwartet

Jesus Sananda
In eurer Zeit gibt es viele Menschen, die sich plötzlich und unerwartet aus dem Leben verabschieden. Gestern waren sie noch da und ihr habt gemeinsam Zukunftspläne geschmiedet, und dann kommt eine Nachricht, die alles verändert. Am schlimmsten sind diese Geschehnisse für irdische Hinterbliebene, die es manchmal gar nicht glauben können.

Was geschieht bei solch einem Schicksal hinter den Kulissen? Die Seele des Verstorbenen weiß vor dem Tod, dass sie sich verabschieden wird. Auch die Angehörigen werden nachts im Traum darüber informiert. Manchmal findet ihr im Nachhinein Hinweise darauf. Jeder Mensch hat eine Seele und wird abgeholt von einem Engel, verstorbenen Freunden und Verwandten.
Der Seelenkörper schaut genauso aus wie der physische Körper, nur ist er, was das Alter angeht, flexibel. Er ist feinstofflich, im Irdischen für die breite Masse unsichtbar, aber er ist für das Jenseits ganz normal ausgestattet. Die meisten wählen sich ein Aussehen, mit dem sie zufrieden waren und sich wohl gefühlt haben.
Wenn die Seele in den jenseitigen Bereich, also nach Hause zurückkehrt, ist sie überaus glücklich. Ihr Herz öffnet sich und viele weinen vor Freude und Dankbarkeit, wenn sie ihre geistige Heimat wiedersehen. Es ist ein Ort

des Friedens und der Harmonie. Sie treffen viele Freunde wieder und ihre eigene Seelenfamilie. Sie erhalten Einladungen, und es gibt viele Wiedersehensfeste.

Ebenso bekommen sie Unterstützung, falls sie an einem körperlichen Leiden verstorben sind und besuchen ein Sanatorium. Sie nennen es liebevoll „Harry-Potter-Schule“, weil sie dabei auch ihre seelische Konzentration und Fortbewegungsarten im feinstofflichen Bereich trainieren. Sie schauen sich auch noch einmal das letzte irdische Leben an, um es aus einem anderen Blickwinkel zu betrachten. Sie sind rundum gut versorgt.
Das, was ihr mitnehmt aus einem irdischen Leben, sind die Erinnerungen an euer gemeinsames Lachen, an erlebte Grillfeste, an berührende Weihnachtsrituale, an die Geburt eurer Kinder, an freudvolle Begegnungen und den Beginn tiefer Freundschaften. Es ist das Leuchten in den Kinderaugen, das euch dankbar anschaut und die Erinnerung an den Abenteuer-Urlaub, an Veranstaltungen, die ihr mit Freunden besucht habt, an Entwicklungsschritte, bei denen euch ein Kronleuchter aufgegangen ist und an Momente, wo ihr spontan jemandem geholfen habt. All das nehmt ihr mit in euren Erinnerungen!
Es gibt auch Erinnerungen, die eher verblassen, und diese betreffen meist euer irdisches Pflichtprogramm. Das Monotone verschwindet, was bleibt, sind die gefühlvollen Momente und das Kreative.

Wenn ihr im Irdischen einen geliebten Menschen zu Grabe tragen müsst, dann ist das schmerzhaft und ein Abschied, der euch im Herzen weh tut. Lasst eure Tränen fließen und die Trauer zu! Lest Bücher über Nahtodeserfahrungen. Sie schenken euch Hoffnung, und möglicherweise habt ihr Träume und Erlebnisse, die euch über die Wahrhaftigkeit der Seele und ein Weiterleben nach dem Tod aufklären. Es ist kein Abschied für immer! Seid euch dessen gewiss!

Weihnachten und Fliegenpilze

Konfuzius
Meine Lieben, die Weihnachtszeit und alle Urformen davon, die ihr in der Vergangenheit zum Zeitpunkt der Wintersonnenwende gefeiert habt, sind in eurem Inneren abgespeichert. Ihr erinnert euch mit hoher Wahrscheinlichkeit recht gut an die Weihnachtsfeste eurer Kindheit: An Heimlichkeiten und die aufregende Spannung vor der Bescherung. Sicher gab es einen Weihnachtsbaum und in der Wohnstube war für Kinder „Betreten verboten!" Vielleicht erinnert ihr euch noch an die Aufregung, die in der Luft lag.
Meine Lieben, ihr werdet alle geprägt von bestimmten Ritualen. Und gerade die Weihnachtszeit ist in der christlichen Welt eine sehr intensive Zeit des Lichtes im Herzen der Menschen. Jede Religion auf der Erde hat einen Bezug zu familiären Festen – einen Bezug zu Licht, Liebe, Aussöhnung und Herzlichkeit. In eurer Kindheit habt ihr möglicherweise erlebt, wie gebacken wurde und wie es nach Weihnachtsplätzchen roch. Ihr könnt euch erinnern, wie der Weihnachtsbaum aufgestellt wurde und welche Spannung in der Luft lag, unmittelbar bevor ihr hineingerufen wurdet in das geschmückte Wohnzimmer. Vielleicht habt ihr Gedichte aufgesagt und Lieder gesungen und euch gemeinsam an die Menschen erinnert, die euch am Herzen liegen, aber gerade nicht anwesend sein können.

Eure Vorfahren haben das Weihnachtsfest auf eine ganz bestimmte Art und Weise gefeiert. Vielleicht wundert ihr euch heute, wenn ihr antike Weihnachtskarten anschaut, dass da häufig als Dekoration Fliegenpilze abgebildet sind. Meine Lieben, der Fliegenpilz hatte bei euren Vorfahren, bei Schamanen aber auch allen Völkern auf der Erde eine besondere Bedeutung. Möglicherweise glaubt ihr heute, dass diese roten Pilze der Dekoration des Weihnachtsbaumes gedient haben. Ja, das haben sie, aber darüber hinaus zelebrierten eure Vorfahren bestimmte Rituale der Verbindung mit dem Göttlichen. Es war über Jahrhunderte üblich, dass sich zu Weihnachten erwachsene Menschen Fliegenpilze schenkten. Frisch gepflückte Exemplare, die unter dem Schnee geerntet wurden, waren besonders begehrt. Eure Vorfahren haben durch den Konsum von Fliegenpilzen und deren Verarbeitung im Essen oder Getränken außerkörperliche Erfahrungen erlebt.

Der Fliegenpilz hat seinen Namen nicht daher, dass er Insekten anzieht, wie ihr vielleicht glaubt, sondern dass er eine ganz bestimmte Wirkung hervorbringt. Er bewirkt, dass die Person, die ein Stück davon verspeist, sich bewusst vom physischen Körper trennt, davon schwebt und eine außerkörperliche Erfahrung macht. So, wie die „Hexen" in früheren Zeiten gewusst haben, welche Substanzen notwendig sind, um sich ganz bewusst mit dem Göttlichen zu verbinden, genauso haben eure Vorfahren über Jahrhunderte um die Wirkkraft von Kräutern, Mineralien und Pilzen gewusst und an freien Tagen bestimmte Rituale gepflegt.

Zu Weihnachten, Silvester oder Ostern war es üblich, an die „himmlische Tür" zu klopfen, sich mit Verstorbenen zu treffen, Kontakt zu pflegen mit dem Jenseits und sich damit so ganz nebenbei der eigenen Seele bewusst zu werden. Es war ein schönes Ritual, welches das Vertrauen zum Himmel aufgefrischt und niemanden geschadet hat, und es war über alle Konfessionen und Erdteile verbreitet.

Meine Lieben, in eurer Zeit erleben einige Menschen auch ohne den Konsum des Fliegenpilzes außerkörperliche Erfahrungen. Ihr lebt in einer hochschwingenden Zeit, und wenn euer Vitamin-D3–Haushalt ausgeglichen ist, habt ihr sehr intensive, deutliche Träume und erlebt dabei, dass es eine andere Realität gibt außerhalb der Irdischen. Vitamin D3 stärkt eure Nerven, das Gedächtnis und die Verbindung zur Traumebene.

Die Weihnachtszeit ist eine besondere Zeit der Nächstenliebe. Ihr veranstaltet heute einen besonderen Rummel um Geschenke, früher wurde mehr gebastelt, ihr habt Puppenhäuser selbst gebaut, Eisenbahnanlagen erweitert, geschnitzt und vieles mehr. Heute gibt es viele Geschenke zu kaufen, und ihr seid nicht mehr in der Lage, ein iPhone selbst zu bauen. Aber ihr beraubt euch mit diesen fertigen Artikeln einer besonderen Erfahrung. Gerade das gemeinsame Gestalten eines Kaufmannsladens und zu sehen, wie er wächst und immer schöner wird, erschafft eine bestimmte Atmosphäre der Freude, die Weihnachten zu einer segensreichen Zeit gemacht hat.

Meine Lieben, nehmt euch auch heute Zeit für Kreativität, für Gemeinsamkeiten und die schönen Dinge des Lebens, die euer Herz erfüllen. Eure Welt wird sich verändern, und dazu gehört auch, dass ihr mehr Zeit für die Dinge habt, die euch wichtig sind.

Das Weihnachtsfest ist das Fest der Nächstenliebe, der Herzlichkeit und der Menschlichkeit. Beobachtet euch in

eurem Alltag, welchen Weg ihr persönlich wählt. Entscheidet ihr euch für den Weg eures Herzens, der Geborgenheit, der Freiheit und Leichtigkeit oder hetzt ihr durch euer Leben und stresst euch, weil irgendeine Kleinigkeit nicht perfekt ist? Beobachtet an euch selbst, in welche inneren Zustände ihr euch versetzt. Fließt euer Herz über vor Freude und Glück, oder ist es bedrückt?
Meine Lieben, wir wissen, dass es manchmal nicht einfach ist. Ihr sorgt euch um viele Dinge, um eure Arbeit, wie ihr eure Familien durchbringt, um die Natur, eure Gesundheit, die wachsende Ungerechtigkeit, was die Nachbarn denken, wenn ihr euren eigenen Weg geht, und viele andere Sachen. Meine Lieben, es geht darum, dass ihr den Menschen, den ihr im Spiegel seht, in Liebe annehmt! Liebt und achtet euch und trefft eure Entscheidungen so, dass euer Herz dazu jubelt. Jede Seele auf eurem Planeten sehnt sich nach Liebe, Gerechtigkeit und persönlichem Glück. Nehmt euch Zeit füreinander! Denn die Zeit, die ihr zusammen teilt, ist kostbar.

Manchmal kommt es vor, dass sich ein geliebter Mensch verabschiedet und heimkehrt in den jenseitigen Bereich. Und dann kommt die Weihnachtszeit, und die Angehörigen fragen sich dann: Kann ich wirklich Weihnachten feiern? Am liebsten würdet ihr euch in Trauer irgendwo vergraben und gestattet euch nicht, glücklich zu sein, weil ihr ständig denkt, dass nun alles Schöne aus eurem Leben verschwunden ist. Das stimmt nicht!

Manchmal werden wir von Hinterbliebenen gefragt: Feiert ihr im Himmel auch Weihnachten? Ja, auch eure geliebten Verstorbenen feiern im Himmel Weihnachten, und manchmal sind sie euch in dieser Zeit ganz nah!

Im jenseitigen Bereich, wohin ihr alle eines Tages heimkehrt, könnt ihr alle Feste feiern. Ihr feiert Weihnachten, Ramadan, Chanukka – je nachdem, womit sich eure Seele verbunden fühlt. Aufgrund eures Inkarnationszyklus und früherer Leben in unterschiedlichen Konfessionen bringt ihr alle in den jenseitigen Bereich liebevolle Erinnerungen an Familienfeste, Rituale und lieb gewonnene Traditionen mit. Vielleicht schmückt ihr einen Christbaum oder sammelt euch unter einem Leuchter mit Kerzen oder findet euch zum gemeinsamen Essen nach Sonnenuntergang ein. Alle lieb gewonnenen Rituale bringt ihr mit in den jenseitigen Bereich, ihr trefft euch mit Freunden und tauscht eure neuen Erfahrungen aus, und so werdet ihr neugierig auf neue Abenteuer in künftigen Leben.

Gestattet euch, auch nach dem Tod eines Angehörigen Weihnachten zu feiern und mit der Familie zu lachen. Die Trauer kommt automatisch. Falls euer Herz schwer ist, dann lasst die Tränen fließen. Sie gehören zum inneren Reinigungsprozess dazu!
Aber nehmt euch nicht vor, nie wieder glücklich zu sein! Auch eure Verstorbenen feiern die Feste, die sie von Herzen lieben, seid euch dessen gewiss. Es gibt auch keinen kleinkarierten Gott, der Erbsenzählerei betreibt und darüber wacht, wann ihr wieder lacht und wie lange ihr unglücklich seid.

Seid gesegnet!
Wir wünschen Euch, dass ihr mit Freude, Leichtigkeit und viel Zeit für euch selbst, mit Kreativität, Licht und Wärme in euren Herzen durch diese Zeit des Wandels dem Licht entgegen schreitet! Seid hoffnungsfroh und zuversichtlich,

und denkt immer daran, dass euch der Himmel als Bodenpersonal auf die Erde gesandt hat, damit euer Licht den Wandel begleitet!

Die göttliche Quelle sei mit euch!

Das waren Meister Konfuzius, Meister Kuthumi und Meister Jesus Sananda.

Wir verabschieden uns!

Die Autorin Ute Kretzschmar gibt seit 20 Jahren im deutschsprachigen Raum Seminare.
Hier ein Überblick:

Channel-Ausbildung:

Teil 1: Mediale Ausbildung I (2 Tage)

Das feinstoffliche System des Menschen: Lichtfunke, Ätherkörper, Emotionalkörper, Mentalkörper und Traumkörper. Der Kontakt zum Emotionalkörper und die Aussöhnung mit den Gefühlen und der Vergangenheit sind ein wichtiger Bestandteil für inneren Frieden. Selbstbeobachtung – welche Realität erschaffen meine Gedanken. Die inneren Stimmen im Kopf: der Verteidiger, der Kritiker und der Antreiber und wie sie Dein Leben beeinflussen. Sie zu kennen ist eine Grundvoraussetzung für sauberes Channeln. Fantasiereise: Das innere Haus – Kontakt in alle Ebenen. Trete bewusst in **Kontakt mit deiner inneren Stimme und folge dem Weg Deines Herzens**. Der Entwicklungsweg aus der göttlichen Quelle bis zum Menschsein – die Genesis nach Kuthumi.
Die Entstehung der feinstofflichen Familie und die Rolle des Hohen Selbstes. Der Energieaustausch mit dem Hohen Selbst. Dualseelen, irdisch und feinstofflich. Fantasiereise zum Schutzengel. Sowie ein Gruppenchanneling, wovon jeder eine Audiodatei oder CD bekommt!

Teil 2: Mediale Ausbildung II (2 Tage)

Das mentale Selbst und deine Verbindung zum Kollektiven Bewusstsein. Wir beschäftigen uns mit dem Opfer- / Kämpferspiel und verbreiteten Rollenspielen. Wir sprechen über die Schwächen reifer Seelen. Wir trainieren die

Medialität und treffen Deinen feinstofflichen Lehrer in einer Meditation. Du lernst Deine innere Weisheit kennen und wie sie Dir bei wichtigen Lebensentscheidungen helfen kann! Außerdem machen wir ein Clearing mit Jesus Sananda, St. Germain und Seraphis Bey. Wir lernen Botschaften empfangen – **Ausbildung zum Schreibkanal**.
Der Schreibkanal wird mehrmals geübt. Aussöhnung mit problematischen Menschen. Fantasiereise: Die Krönung – die Übernahme der Eigen-macht im Leben. Es gibt auch im zweiten Kurs ein Gruppenchanneling und eine kopierte CD.

Teil 3: Mediale Ausbildung III (2 Tage)
Ausbildung zum Sprechmedium:

Das Erkennen persönlicher Glaubenssätze und deren Auswirkung auf unser Leben. Wir laden den Channelstein mit Erzengel Gabriel. Löschen negative Gedanken mit elektrisch blauem Licht. Jeder erhält einen Kanalhüter aus der geistigen Welt. Wir üben mehrmals den Sprechchannel. Das Ende des Inkarnationszyklus: Die kymische Hochzeit, die Prüfungen in den Meisterjahren und der Rückweg zur göttlichen Quelle. Die Einweihung in die Erzengelenergie. Sowie immer das Gruppenchanneling mit CD.
Zertifikat für Kurse 1-3.

Der innere Saboteur oder Umschreiben nach Jesus - (1 Tag)

In diesem Seminar findest du die Ursache, warum deine Schöpferkraft manchmal blockiert ist oder du das Gefühl hast eine unbekannte Macht sabotiert dich! Den Saboteur findest du in deinen Gedanken! Unbewusste Glaubenssätze, wie ..."Ich bin nicht gut genug. Im Vergleich mit anderen habe ich keine Chance! Das was ich tun möchte, gibt es schon zu hauf. Warum sollten sie gerade auf mich warten! Es hat alles keinen Sinn!“ Hole sie dir durch Aufschreiben ins Wachbewusstsein und befreie dich durch Umschreiben mit der Weisheit deiner Seele: „Ich habe geniale Fähigkeiten! Und aufgrund meiner einzigartigen Erfahrungen bin ich ein Segen für die Menschen, die zu mir geführt werden. Ich vertraue auf mein Können und die immerwährende Unterstützung des Universums! Ich liebe meine Arbeit!“ Erkenne Selbstbewertungen, Ohnmachtsgefühle, Hilflosigkeit im Umgang mit anderen Meinungen und Übertreibungen. Du bist Schöpfer!!!

Auf der Meta-Ebene erkennst du die Wahrheit deiner Seele und des kosmischen Planes und kannst die wildesten Ereiferungen umschreiben. Diesen neuen Text darfst du dir 21 Tage lang täglich drei Mal suggerieren - dann ist das Sabotageprogramm erfolgreich umgeschrieben. Genial für therapeutische Beratungen, weil es selbsterschaffene Probleme auf den Punkt bringt und rasch beendet. Phänomenale Entlastung! Gruppenchanneling mit Jesus.

Ich bin Schöpfer meines Lebens – Entwicklungsschritte der Alten Seele (2 Tage)

Bringe Bewusstheit in die Gestaltung deines Lebens! Nimm deine inneren Stimmen bewusst wahr! Der Antreiber, der Kritiker, der Verteidiger und der Dramatiker buhlen um deine Aufmerksamkeit und bringen deine Ziele manchmal zum Wanken. Werde dir innerer Monologe bewusst, die dich herunterziehen. Bade in Gefühlen wie: Dankbarkeit, Liebe, Begeisterung, Gesundheit, Lebensfreude und kreiere dein Leben bewusst neu, indem du deine Körperenergie anhebst und Ziele neu schöpfst. Heilung von Schlafstörungen - repariere Deine Verbindung zur Traumebene. Mindmovies können dir bei deinen

Wünschen helfen. Wie gestaltet man sie?
Dieses Seminar bringt dich bewusst mit deiner Schöpfermacht in Kontakt und hilft dir eine neue Zukunft zu erschaffen und dein Leben zu meistern. Schöpfe dein Leben mit der Herzenergie bewusst neu! Innere Filme sind zukünftige Ereignisse, die deine Stimmung heben und dich auf ein neues Leben vorbereiten. Meditation: Abrakadabra – kreative Wunscherfüllung. Gruppenchanneling.

Reinkarnations-Ausbildung (2 Tage)

Mit Musik taucht jeder mühelos in Bilder aus vergangenen Leben ein. Spüre einen fremden Rhythmus und auf Zellebene steigt die Erinnerung an die dazugehörige Bewegung auf, dann öffnet sich dein innerer Bildspeicher und schon bist du im Film deiner Vergangenheit. Es ist ganz einfach! Viele Menschen tragen alte Emotionen in sich, die sie heute in ihrer Selbstentfaltung behindern.
Das könnten Flugangst sein oder sich gefangen fühlen in Minderwertigkeitsgefühlen, Angst den eigenen Weg zu beschreiten, Hemmungen und Blockaden, aber auch Wut und Hass, die in dieser hochschwingenden Zeit plötzlich getriggert werden.
Die Ursache findest du in einer alten dramatischen Erfahrung. Sprenge deine inneren Ketten, in dem du in einer Rückführung erlebst, wo die Gefühle hingehören. Wir üben in diesem Kurs paarweise, wie man sich gegenseitig durch frühere Erfahrungen begleitet. Nach einer Demonstration übst du mit einem Teilnehmer, wie man eine andere Person in einer Rückführung begleitet. Wir machen die Chakren-Reinigung und die Schutz-Meditation von Erzengel Michael. Gruppenchanneling.

Heile dein inneres Kind – Selbsterfahrung (2 Tage)

Die Aufarbeitung der Vergangenheit ist wie ein Befreiungsschlag für deine individuelle Entwicklung. Welche Lebensereignisse haben dich verletzt?

Emotionale Verletzungen gibt es nicht nur in der Kindheit, heute ist es der übergriffige Chef, der fremdgehende Partner, die ungerechte Behandlung. Sprich im geschützten Rahmen über das, was dich quält und zum Opfer gemacht hat. Verwandle deiner Wut in ein machtvolles Schutzschild und finde unter den Schichten deiner Prägungen deine neugierige, abenteuerlustige Seele wieder. Heilung von alten Einschränkungen wie Opfermentalität und Rachsucht. Bitte 2 – 3 Kinderfotos von Dir zum Kurs mitbringen. Gruppenchanneling.

Himmlische Unterstützung durch Erzengel (3 Tage)

In diesem Seminar erleben wir die Energie von **7 Erzengeln** und welche Geschenke sie für die Menschheit bereit halten. Erzengel **Gabriel** erklärt uns, was geschieht, wenn wir sterben und wie es zu Besetzungen durch zurückgebliebene Seelen kommen kann und wie man diese löst.

Erzengel **Michael** lehrt uns die Angst loszulassen und befreit uns von Verträgen mit der nichtlichtvollen Seite. Fühle dich vollkommen geschützt! Erzengel **Zadkiel** zeigt dir in einem Ritual mit der liegenden Acht, wie du dich von Süchten befreist. Wir erleben die violette Flamme und wie Stagnation beendet wird. Erzengel **Raphael** macht uns mit der Ursachenforschung bei Symptomen vertraut und wir besuchen den Heiltempel von Avalon. Erzengel **Jophiel** führt dich zu deiner spirituellen Aufgabe - wir besuchen die himmlische Schule der Medialität. Erzengel **Uriel** befreit unseren Lichtkörper und aktiviert die Kundalini-Energie. Wir lernen von ihm, wie wir neue Ideen ins kollektive Bewusstsein der Menschheit einspeisen. Erzengel **Chamuel** zeigt uns die himmlische Partnerbörse und wie wir mit unserem Herzpartner/in zusammen kommen. Außerdem lernen wir von ihm, wie wir eine Liebeswelle zur Heilung der Welt erzeugen. Gruppenchanneling.

Dualseelen / Partnerwunsch & Chamuel - der Engel der Liebe (2 Tage)

Die Seelenfamilie - wie ist sie entstanden? Die irdische Begegnung mit der Dualseele ist eine der heftigsten Herausforderungen. Einerseits ist da eine intensive Anziehung, aber auch Alarmglocken. Wir heilen in diesem Kurs Beziehungs-Urverletzungen mit der violetten Flamme. Kommunikation in der Partnerschaft – deine Antennen für entstehenden Unfrieden und sofortige Klärung. Himmlischer Wunschpartner: Öffne Dich für die Energie des Engels der Liebe! Formuliere Deinen Partnerwunsch und kommuniziere mit Erzengel Chamuel über Deine Bedenken und Ängste. Wie stelle ich mir die ideale Partnerschaft vor? Hole Dir dafür den himmlischen Segen – Fantasiereise zur himmlischen Kontakt-Börse.
Dieses Seminar ist für Dualseelen geeignet und für Menschen, die sich eine liebevolle, erfüllende Partnerschaft wünschen! Gruppenchanneling.

Seminarinfos, Veranstaltungsorte und Termine findest Du auf meiner Homepage: *https://ute-kretzschmar.com*

Weitere Artikel von Ute Kretzschmar:
www.antar-verlag.de

Hier findest du Channelings von Ute Kretzschmar zum Lesen: *https://meisterblog.adler-audio.de*

Hörprobenaller Audiotitel:
https://soundcloud.com/user-99168100

Folgende Bücher sind von Ute Kretzschmar im Antar-Verlag erschienen:

„Der Aufstieg der Erde oder das Erwachen Deiner Seele“
Buch / 252 Seiten / ISBN 978-3-9817125-13

„Aufruf zur Lichtrevolution“
Buch / 160 Seiten / ISBN 978-3-981521-59-7

„Chaos & göttlicher Wandel“
Buch / 164 Seiten / ISBN 978-3-981521-50-4

„Reisen in feinstoffliche Sphären“
Hörbuch / 10 Stunden / ISBN 978-3-9815215-66

Meditationen von Ute Kretzschmar:

„Die Einweihung in die Energie der Erzengel“
Audio-CD / 47 Min. / ISBN 978-3-9817125-20

„Abrakadabra – kreative Wunscherfüllung“
Audio-CD / 30 Min. / ISBN 978-3-981712-506

„Erzengel Michael – Schutz“
Audio-CD / 30 Min. / ISBN 978-3-9815215-35

„Die Krönung“
Audio-CD / 36 Min. / ISBN 978-3-9817125-51

„Heile Dein inneres Kind“
Audio-CD / 36 Min. / ISBN 978-3-9817125-37

„Transformations-Clearing“
Audio-CD / 39 Min. / ISBN 978-3-9817125-75

„Seelengeflüster“
Audio-CD / 24 Min. / ISBN 978-3-981712-544

„Das innere Haus“
Audio-CD / 57 Min. / ISBN 978-3-9815215-11

„Nähre und beschütze Dein inneres Kind“
Audio-CD / 25 Min. / ISBN 978-3-948034-023

„Himmlische Schnellverbindung für Genies“
Audio-CD / 11 & 18 Min. / ISBN 978-3-948034-016

„Chakren-Reinigung“
Audio-CD / 36 Min. / ISBN 978-3-948034-078

„Die Schule der Medialität“
Audio-CD / 30 Min. / ISBN 978-3-948034-122

„Treffe Deinen Schutzengel“
Audio-CD / 27 Min. / ISBN 978-3-948034-139

„Der Heiltempel von Avalon“
Audio-CD / 47 Min. / ISBN 978-3-948034-146

„Segne Deinen Schlaf“
Audio-CD / 55 Min. / ISBN 978-3-948034-405

„Besuche die himmlische Partnerbörse“
Audio-CD / 35 Min. / ISBN 978-3-948034-368

Alle Meditationen gibt es auch zum kostengünstigen Download bei Antar-Shop oder anderen Plattformen.

Channelings von Ute Kretzschmar:

„Erhöhe Deine Schwingung und werde zum Frequenzhalter“
Audio-CD / 43 Min. / ISBN 978-3-948034-160

„Gespräche mit den aufgestiegenen Meistern 4“ Thema: Neue Zeit / CD / 79 Min. / ISBN 978-3-948034-085

„Gespräche mit den aufgestiegenen Meister 5“ Thema: Gesundheit / 2CDs / 135 Min. / ISBN 978-3-948034-153

„Die dunkle Nacht der Seele“
Vortrag & Channeling / 71 Min. / ISBN 978-3-948034-436

„Und täglich grüßt das Murmeltier“
Audio-CD / 36 Min. / ISBN 978-3-948034-313

„Die Zeit des Wandels 1“
3 Channelings / 77 Min. / ISBN 978-3-948034-337

„Die Zeit des Wandels 2“
2 CDs / 104 Min. / ISBN 978-3-948034-382

„Die Zeit des Wandels 3“
2 Channelings / 67 Min. / ISBN 978-3-948034-429

DVDs:

„Segne Deine Vorhaben"
Vortrag, Meditation & Channeling / DVD / 124 Min.
ISBN 978-3-948934283

„Himmlisches Wissen 1: Dein feinstoffliches System & Deine Verbindung zum Hohen Selbst"
2 DVDs /132 Min.
ISBN 978-3-948034-320